名师成长书系

U0961374

新时代背景下“匠心型”班主任的理论与实践

谢壁妆◎著

哈尔滨工程大学出版社
Harbin Engineering University Press

内容简介

本书主要围绕基础教育阶段学生成长特色体系，从班级管理、班会设计、家校共育等方面，通过理论阐述和范例呈现相结合的方式，展现从个体至共同体的班主任专业成长过程，阐述优秀班主任从个性发展到优势整合的名师成长经历。

本书以一线班主任的笔触，记录了其在实际工作中的经历和经验，多角度展现了名班主任的成长轨迹。本书致力于寻求更优质的培育班主任共同体的途径与策略，适用于基础教育阶段从事班主任工作和有志于基础教育的读者阅读。

图书在版编目（CIP）数据

新时代背景下“匠心型”班主任的理论与实践 / 谢璧妆著. — 哈尔滨 : 哈尔滨工程大学出版社, 2024.5

ISBN 978-7-5661-4403-4

Ⅰ. ①新… Ⅱ. ①谢… Ⅲ. ①班主任工作—研究 Ⅳ. ① G451.6

中国国家版本馆 CIP 数据核字（2024）第 107552 号

新时代背景下“匠心型”班主任的理论与实践

XINSHIDAI BEIJING XIA “JIANGXIN XING” BANZHUREN DE LILUN YU SHIJIAN

选题策划 王　丹
责任编辑 王　丹
封面设计 智诚源创

出版发行 哈尔滨工程大学出版社
社　　址 哈尔滨市南岗区南通大街145号
邮政编码 150001
发行电话 0451-82519328
传　　真 0451-82519699
经　　销 新华书店
印　　刷 武汉颜沫印刷有限公司
开　　本 710mm × 1000mm　1/16
印　　张 14.25
字　　数 225千字
版　　次 2024年5月第1版
印　　次 2024年5月第1次印刷
书　　号 ISBN 978-7-5661-4403-4
定　　价 78.00元

http://www.hrbeupress.com
E-mail: heupress@hrbeu.edu.cn

序

FOREWORD

我以匠心事主业

班级是落实学校立德树人根本任务的基础，班主任是中小学日常思想道德教育和学生管理工作的主要实施者，是学生人生的引路人和健康成长的导师。教师在担任班主任工作期间，班主任工作就是他 / 她的主业。

师者匠心。

何谓师者？

什么是匠心？

——“经师”“人师”，教书育人的教师是师者。

——老师 / 班主任的师心、爱心是匠心。匠心是师德师风，是教育情怀，是教育爱，是精益求精的敬业精神，是进德修业的进取之心，是班级立德树人的精心培育，是起早贪黑苦口婆心的诲人不倦，是惠及每一个学生的善心教导，是善待每一类学生的育人智慧，是促进全体学生全面发展的教育理想，是让教育永远美好的美丽眼神，是守护心灵的坚持不懈，是等待成长的永不言弃。

匠心者心匠！

班主任工作纷繁复杂而且责任重大。班主任常规工作至少包括：班级纪律与日常管理，班集体建设，班级文化营造，班队会活动组织，班集体与学生个别教育，班级安全、卫生工作与突发事件处理，心理健康教育，学科教师与教学协调，家校共育工作；等等。在融合教育、“双减”政策、提质增效、学校高质量发展、家校共育等背景下，班主任的工作量暴增、工作时间延长，承受着巨大的时间压力、工作压力、家庭压力，尤其是心理压力。与此同时，班主任往往还是主科老师，一方面，班主任需要腾出时间做研究，寻找工作创新和专业发展的突破口，落实立德树人根本任务；另一方面，班主任要应对不断加码的各种压力，进行有效的班级心理调适和自我调适。

如果师者没有匠心，班主任很难胜任主业工作；如果师者不是心匠，班级就无法落实学校立德树人的根本任务。

教育的本质是什么？班主任工作的实质是什么？诚如教育家顾明远先生所言，“我对教育的四个观点：没有兴趣就没有学习，没有爱就没有教育，教书育人在细微中，学生成长在活动中。”

班主任工作是“爱的事业”。仁心、真心、诚心、爱心，专心、用心、细心、精心铸匠心；工匠、教匠、志匠、巧匠、心匠，工匠的求真务实、教匠的诲人不倦、志匠的立德树人、巧匠的精益求精、心匠的育人自觉，我以匠心事主业，唯有心匠育真人。匠心志业，心匠育人，才能将班主任工作的爱的事业进行到底。

谢壁妆名班主任工作室是一个坚持“四连冠”的广东省中小学名班主任工作室和广东省新一轮中小学名班主任工作室。多年以来，“匠心管理，走心育人”的“匠心型”班主任理论与实践，一直是工作室团队的探索方向。在理论研究、行动研究、实践探究的基础上，梳理提炼成为一种“匠心型班主任”的坚定教育情怀、育人理念和实践模式。透过他们的“匠心”事“主业”、“匠心式”班级管理、“匠心式”班会设计、匠心家校共同体建设、匠心心育个案研究、“匠心型”成长共同体培育等具体实践探索历程，一个专家型名班主任专业成长和她的工作室团队的共同成长的“模型图”，一幅“匠心型”班主任精心建班育人和走心带班育人的“全景图”就会清晰呈现眼前！“匠心型”班主任的内容体系顺理成章、水到渠成！

匠心育人，心匠匠己，匠己育人成心匠。于是乎，“我以匠心事主业”的主题脱颖而出！

是为序。

2024 年 1 月 1 日

（作者系中国陶行知研究会未来教育专委会理事长、广东省家庭教育研究会会长李季教授）

前言

PREFACE

广东省中小学名班主任谢璧妆工作室于2015年成立。作为省级工作室，它承担着培养市、区、学校名班主任，以及骨干班主任的任务。针对地区性班主任成长现状，工作室通过大数据问卷调查，提炼问题，寻求对策，最终确定以培育“匠心型”班主任专业成长共同体为目标，确立了“三同”（同心、同学、同行）工作宗旨、“两成”（成全、成长）工作基点。近年来，工作室一直致力于探索培育策略及运行的长效机制，开拓多方教育资源和培训资源，在成员的共同努力下，以“积极心理学”理论为支撑，逐步形成自培模式，构建了“匠心式”主题下的班主任成长特色体系，逐步摸索建立了名班主任培养的“成长课程”，充分发挥了工作室的示范和辐射作用，推动了潮州市班主任队伍建设。

本书主要围绕成长特色体系各个板块进行范例呈现，包括论文、教学设计、案例分析等，主要体现从“个体”至“共同体”的班主任专业成长过程，也体现了作为工作室主持人的笔者引导团队从“个性发展”至“优势整合”、从“美美与共”至“各美其美”的历程，希望能与同行进行探讨，寻求更优质的培育班主任共同体的途径与策略。

谢璧妆

2023年11月于潮州

目录

CONTENTS

第一章 “匠心”事“主业”……1

第一节 班主任成长困惑……2
第二节 班主任成长规划……4
第三节 班主任成长个案……12
第四节 从个体至共同体……20

第二章 “匠心式”班级管理……25

第一节 传统班级管理模式思考……26
第二节 影响小学班级管理的因素……28
第三节 “匠心式”班级管理实践……30
第四节 匠心型班级中班主任的角色定位……44

第三章 “匠心式”班会设计……47

第一节 主题班会设计的问题思考……48
第二节 主题班会设计与实施……49
第三节 精致化微型主题班会创新……64
第四节 班会课与思政课整合思考……71
第五节 “匠心式”课例设计范例……75

第四章 匠心家校共同体建设……89

第一节 构建家校育人共同体……90

第二节　家长素养提升策略 94
第三节　构建家长培训课程 98
第四节　家校共育案例思考 136

第五章　匠心心育个案研究 149

第一节　小学生情绪问题的调查与调适实践研究 150
第二节　学生“偷窃”偏差行为引发冲突的个案研究 158
第三节　学生“假性早恋”的行为分析与辅导策略例谈 163
第四节　运用“WDEP”模式法，尝试改变攻击型学生 168
第五节　行为偏差学生辅导案例之嘴之“罚” 174

第六章　“匠心型”班主任专业成长共同体培育 181

第一节　“匠心型”班主任成长共同体成长之路 182
第二节　“匠心型”班主任成长共同体培育模式 189
第三节　“匠心式”主题下的班主任成长特色发展 196
第四节　工作室·工作坊特色成果——林健彬工作坊特色成果 201
第五节　工作室·工作坊特色成果——李春莲工作坊特色成果 208
第六节　“悦”文化理念下班主任共同体的建设
　　　　——吴桂丽工作坊特色成果 213

第一章

“匠心”事“主业”

当“求之不得，反求诸己”碰上“独行快，众行远”时！

——题记

“当班主任你快乐吗？”“你喜欢当班主任吗？”与众多一线班主任一样，当我被问及这些问题时，酸甜苦辣的滋味总是涌上心头。毋庸置疑，班主任工作室的工作是繁琐且责任重大的，当你单打独斗、坐井观天、安于现状时，你会迷茫、失落、无所适从，甚至怨天尤人；当你被困于局中时，当班主任一定是一件辛苦甚至痛苦的事。然而，正如《孟子·离娄上》所言：“求之不得，反求诸己。”当你懂得从自我开始改变，真正静下心来，潜心学习专业理论，带着反思的态度去努力提升自己时；当你从单打独斗到学会整合教育资源，把个体变成共同体时，那些教育中经历过的困惑与顿悟、悲伤与欢愉、快乐与痛苦、欢笑与泪水，以及对这一切的复盘、反思、重构后的破茧成蝶，都将变成丰盈人生的积淀，都将加深你对教育、对自我、对人生的认识，都将变成体验教育幸福的基石。

第一节　班主任成长困惑

如果你是一名班主任，已经教了很多年书，且已经当了很多年班主任，那么，能否请你诚实回答下面这三个问题：

你喜欢当班主任吗？

你是如何当上班主任的？

当班主任你快乐吗？

在很多培训中和班主任面对面做过这个调查，也在线上做过调查，发现其实快乐是有的，但总是很短暂，更多班主任的真正感受是压抑与压力。造成压力的原因来自方方面面。

一、困境

（一）工作繁杂、责任重大——班主任，想说爱你并不是一件很容易的事

细察班主任的工作内容会发现：首先，班主任和其他科任教师一样，要承担正常的教学任务，如备课、上课、批改作业、参加教研和培训活动等。其次，班主任面临很多琐碎的事情：小学生的依赖，事无巨细，需要班主任引导解决。中学生自我意识逐渐增强，沉迷手机、早恋等青春期问题要班主任处理。再次，班主任承担着学生在校的饮食、住宿、安全、德育等方方面面的工作，要协调教务、后勤、团委、少先队、家长等校内外各方关系。可以说，学校大小事务，凡是涉及学生的，几乎都会牵扯到班主任。此外，班主任还要应对诸多非教育教学性事务。政府各部门以及学校下发的一些评比、检查、“进校园”等任务，很多时候也会落到班主任身上，“千头万绪”都要通过班主任这根针串联起来。班主任“周旋”于学生、家长、科任教师、学校领导之间，处理着各种形式的文牍工作。如果再遇到突发的重大事件、临时的工作安排，班主任更是分身乏术。特别是班级建立之初、学期初、学期末，班主任工作量巨大，即便加班加点，也经常力不从心。作为班主任，

很多时候感受到的更多的是压抑的情绪与无力感。

（二）教育需要爱和智慧——我的孩子，我该怎样去爱你

什么样的老师才是学生喜欢的？曾经的我理解——爱学生，让他们也爱上你，就可以了。都相亲相爱了，还有什么不能解决的？于是，我尝试与学生打成一片，事必躬亲。但慢慢的，学生的成绩，班里的卫生、纪律却越来越差。意识到问题后，我心急如焚，一改以往的作风，给潜能生施加压力、与家长交流，对优等生苦口婆心……但换来的，是潜能生与我的敌对，优等生对我的无视，以及家长对我的轻视。我痛苦万分，我的学生，我拿什么去爱你？

王维审曾提出师爱的三个层次：一是朴素之爱，诸如精心呵护学生的衣食住行，解决学生的生活困难之类的真爱；二是民主之爱，倡导给学生以民主、公正的班级生态环境，搭建民主大爱；三是专业之爱，用专业的方式给学生专业的爱，彰显的是一种理性、丰润的人文挚爱。

我想，很多时候，对学生的爱，我们只给了学生朴素之爱，又把它演绎为类似于家长的溺爱，这也是班主任痛苦的原因之一吧！

（三）家校合育力度薄弱——是谁导演这场戏，在这孤单角色里

真正有效的教育应该是家庭、教育、社会三位一体合力共育的结果，但现实中，家长推卸本身的教育责任的状况，每每令教育工作难以开展，再加上家与校的教育观念、方法的相悖，往往会导致我们的教育出现“5+2=0”甚至是“5+2<0”的状况。很多时候，面对家长，总会觉得教师比家长更家长。是家长导演了教育这场戏，却让教师独自留在孤单的角色里……

（四）成长困惑——班主任成长路在何方

作为一名班主任，我深刻地体会到当班主任的累与苦，见到过许许多多怨天尤人、只重成绩不重品德培育的班主任，遇到过只重师道尊严、只凭经验工作不愿与时俱进的“不愿做”或“不会做”的同行，也看到过因个人有所成长而追名逐利迷失自我的班主任…… 是怨天尤人放弃对教育理想的追求？是心安理得安于现状？还是改变自身教育行为寻求新突破？我迷茫也逃避……

二、破局

机缘巧合，2009 年，我参加了班主任技能大赛，从而开始接触班主任专业知识。我慢慢意识到，作为一名班主任，面对的是一个个鲜活的、各具个性的孩子，如果我们自己失去了激情，缺乏自我改变的勇气，我们如何能够培养出适应新时代的学生？当我们在埋怨各方各面压力时，我们是否曾静下心来，审视自身存在的问题……

《孟子·离娄上》云：“行而不得，反求诸己。”我想，我们无力改变环境，唯有改变心境；无力改变现状，唯有改变自己！

痛定思痛，本着“一切为了学生发展、教师成长，减轻班主任的工作负担”的最初想法，以赛代培，做好自身发展规划，提升自身的专业素养，2015 年，我申报了“广东省名班主任工作室”。依托工作室，我们兢兢业业，不断定位和调整自身的角色，不断蜕变、成长，也不断进行辐射。

工作室通过课题研究促进班主任更新观念，更新专业知识，提高专业能力，形成育人思想和班级管理特色；促进班主任由苦干型、经验型、保姆型向智慧型、科研型乃至专家型转变，减轻班主任工作强度；优化班集体建设与管理，优化班级德育工作，促进学生德智体美劳的全面发展。

第二节　班主任成长规划

什么是规划？规划就是个人或组织制订的比较长远、全面的发展计划，是对未来整体性、长期性、基本性问题的思考和考量，设计未来整套行动的方案，也就是长远的计划。制订个人成长计划可以帮助其确定目标并创建实现这些目标的路线图。专业化的班主任是实施新课程的需要，更是知识经济时代的需要，落实专业化的发展目标是建立班主任专业化队伍的关键。以高尚的情操感召学生，以满腔的热忱关爱学生，以聪颖的智慧哺育学生，以共同的进步带动学生，以创新的方式激励学生，以明确的职责对待学生，才能加速班主任专业化的进程。作为学生成长的指导者与领路人，教师认清自身的优势与不足，时刻进行自我反思，制订成长计划，是至关重要的。

一、自身优势与不足分析

（一）优势

通过自我分析，总结自身优势如下：

第一，在班级管理中能大胆探索，不断创新，结合班级特点构建班级管理模式。

第二，与学生有效沟通，因势利导。

第三，对学生"因人而异"，讲究个性特长培养。

第四，对学生充满爱心与耐心，对特殊学生的教育讲究策略与技巧。

第五，以个人魅力吸引学生，以身作则引导学生。

第六，潜心钻研，完善自我，不断加强自身建设。

第七，虚心向身边的典型人物学习。学习他们为人处世的智慧，学会他们管理班级的小窍门，同时更要根据自己班级的实际情况，制定适合自己的策略。

（二）不足

自身的不足主要体现在以下方面：

1. 经验缺乏

因从事班主任工作时间较短，缺乏经验，很多事情尚在摸索探究的过程中，走了不少弯路才达到目标。

2. 能及时反思，但不能及时撰写成教育记录

在班主任的工作中遇到问题，解决之后能及时进行反思，但由于时间关系及惰性，不能对班主任工作案例及时总结、记录。

3. 缺乏专业理论知识

缺乏对学生的心理健康教育方面的知识，不能充分了解学生的心理特征，对个别学生的教育有时会绕弯路。

4. 自控能力还需加强

遇到突发情况有时不能很好地控制自己的情绪，自控能力还需加强。

二、专业发展目标

（一）理想目标

努力使自己从学生喜欢的好老师逐渐成长为一名科研型、发展型、魅力型的班主任；树立终身学习的观念，不断更新教育观念、提高理论修养；积极进行教育与教学创新性实践，增强专业基本功；加强个人修养，能冷静处理问题，培养自制力；形成自身的独特风格，成为在一定区域内有辐射作用的班主任。

（二）近期目标

珍惜参与省名班主任培训的机会，争取在培训期间在各名班主任的影响下、在指导老师的引领下实现以下成长目标：

1. 素养目标

长期以来，班主任工作都是由“专业”教师兼任的“副业”，因此，要提高班主任的综合素质，首先需形成班主任的专业意识。

（1）人文意识

以学生安全、健康成长为首要任务，对学生经常开展安全教育活动，增强学生的安全意识，维护学生的自主意识，促进学生发展。

（2）以爱育人意识

班主任之爱是一种教育爱，只有以教育爱为动力，才能真正做到潜心育人。以爱育人首先要树立“以生为本，以爱育人”的教育观。

我们的教育教学工作一切为了学生，为了学生的一切。在日常教育教学工作中，一定要做到心中有爱，爱学优生，更要爱学困生，让学生时时处处感受、享受到老师的爱，只有这样，学生才能“亲其师，信其道”，让爱成为教育的主旋律。

（3）终身学习意识

班主任不仅要精通教学业务，还要有管理能力，这就需要不断学习，养成善于学习、勤于思考的好习惯，把工作和学习看作一种享受。要多阅读教育教学类书刊，有大量的教育理论做支撑，并有很深厚的文化底蕴；有较高的专业素养，能在发展中形成自己的个性化发展与管理模式；树立终身学习的观念，坚持每天读书，做到读书有体会，提高自己阅读的能力。

（4）发展意识

班主任要用发展的思路安排班务工作，制定切实可行的班集体发展目标；热爱学生，对学生以诚相待，提高预判学生发生事件的能力，对学生的思想行为、智力活动、情感表现有敏锐的观察能力，用发展的眼光看待学生。

2. 师德目标

班主任要有职业道德，对学生充满爱心、耐心，做到细心、平等心。有勇于尝试和创新之心，能多学、多看、多尝试，凡事多从学生的角度出发，成为一个善良、有个性、有思想的人。为人师表，凡事应以身作则，注重言传身教，做学生的表率。

3. 能力目标

（1）发展专业能力

班主任的专业能力决定了班主任首先是一个教育者，其次才是一个学科老师。班主任的专业能力体现在人际沟通和协调能力上，促使班级的各项因素和谐发展。因此，班主任要加强发展组织协调和管理班集体的能力、班级发展规划的能力、研究和指导评价学生的能力、与家长和任课教师沟通的能力等。

（2）培养良好的心理素质

优秀的班主任一定能够控制自己的情绪，能够永远真诚地微笑着面对任何问题。具备良好的心理素质，才能够在班级管理中坚忍不拔、始终如一地开展工作。因此，成功的班主任要具备良好的心理素质和坚强的意志力、较强的思维能力和丰富的想象力，以及良好的性格和较强的自我意识。

（3）增长教育智慧

在具体的教育情境中，教师的智慧是对教育教学规律的深刻洞察与把握，以及机智灵活、创造性地应对事情的综合能力。在新课程的背景下，班主任要以全新的视角看教育，要能将教育理论灵活运用到实际工作中，解决班级的一般问题，科学管理班级的特殊事务。班主任在工作中要及时对教育教学行为进行反思，在反思中积累经验，增长教育智慧。

（三）专业成长目标

新时期的班主任应该做学生的导师，是学生的知心朋友，是班级文化的设计师，更是家校沟通的桥梁。要胜任这些角色，班主任需要不断发展自身的专业能力，有丰富的知识，有良好的心理素质，有过人的教育智慧。

1. 充实理论知识

在本阶段，希望通过广泛的阅读，在专家的引领下，力求充实以下理论知识：

（1）新时期班主任的角色定位

课程理念促使班主任不断审视并转换自身角色。作为新时期的班主任，观念应与时俱进，应与学生有共鸣。因此，阅读有关新时期班主任工作方面的书籍，如《怎样做好班主任》《班主任工作培训读本》《给老师的建议》，以及德育新思维丛书之《班主任基本功》等等，剖析自身在班级工作中有哪些不适应的表现，角色定位是否适当，以及有哪些对策可以调整。

（2）班主任核心教育能力

新时期的班主任需具备的教育能力如仁爱力，应对突发事件的能力，激励学生、协调关系的能力，组织管理能力与集体教育能力。希望通过对《施教先施爱——名师讲述班主任的核心教导力》《班主任工作 55 个“鬼点子”》的学习，可以充实这方面的知识。

（3）自主班级管理知识

结合本阶段“构建小学高年级自主班级管理模式，促进学生自主发展”的课题研究，争取在近段时间内充实自身在自主班级管理方面的知识，如：自主班级管理需要怎样的常规、结合自身班级特点制定怎样的班规、建立怎样的激励机制和评价机制、怎样选拔与培养班干部、怎样形成良好的班级舆论导向、怎样的班级文化氛围等等。因此，争取通过阅读《班主任基本功——班级管理的基本技能》《班主任工作漫谈》《德育新思维》等，为解决以上问题提供借鉴。

（4）小学生心理健康教育知识及心理学理论知识

新时期的班主任应是学生的知心朋友，是学生心声的倾听者，“授业”的同时更应“解惑”，注重学生的心理健康。班主任只有掌握了青少年心理健康教育知识以及心理学理论知识，才能对各个年龄阶段的学生心理特征有较充分的了解，才能更有针对性地对“特殊”学生进行疏导教育。因此，《小学生心理健康教育》《心理学》等方面的书籍是本阶段阅读的重点。

（5）“特殊”学生教育知识

所谓“特殊”学生，我认为是那些在学习、生活、心理、生理等方面存在问题的学生。这些学生的存在给我们的学生工作带来了巨大的影响。高效而又有针对性地做好“特殊”学生的教育和转化工作，是班主任日常工作中很重要甚至关系全局的一部分。因此，在培训期间，争取多掌握这方面的知识，能更有针对性地对“特殊”学生进行教育。

2. 注重反思，撰写教育论文

班主任专业化建设贵在学习，重在反思。在充分阅读的基础上，争取坚持写教育随笔，对失败的教育案例或措施多进行反思，及时评价自己哪里做得好，哪里做得不好，评估跟预期效果的差距。争取多总结教育案例，如后进生的转化案例、学生心理健康教育案例、班主任与家长工作策略案例、自主班级管理方法与途径案例等，形成教育论文。

3. 开展讲座，使教育理念起到辐射作用

在参与了德育中心的培训、班主任工作的培训，阅读了大量的理论知识书籍之后，争取把所学的新知识、新理念、新思想等内化成自身的知识，并把这些知识运用于解决实际问题中。同时，争取把这些内化了的知识展示出来，与其他班主任共享，而主要途径就是开展讲座，争取开展“小学高年级自主班级管理的方法与途径”“如何有效制定班规，让学生依‘法’治班”等讲座，把创设的班级管理模式推广出去，让其他班主任有借鉴的模式，让新理念、新知识、新方法在一定的区域内产生影响，起到辐射作用。另外，参与学校的德育团队，与其他班主任共同探讨德育工作中遇到的问题也是交流共享的有效方法。

4. 参与课题研究，提高自身科研水平

在培训期间，除了在导师的指导下完成本身所承担的德育课题研究之外，还要争取参与其他市级、省级课题的子课题，努力提高自身发现问题、提出问题、分析问题和解决问题的能力。参与课题研究能够提升自己的教育能力，提高自身的科研水平。

（四）班级发展目标

第一，针对所在班级的特点，形成一套具有特色的促进学生自主发展的班级管理模式，使班级的德育教育制度化、系统化、科学化。

第二，加大班级管理的力度，减轻工作强度，提高班级管理的实效。

第三，广泛开展以学生为主体的德育教育活动，促使学生主体认识的内化，增强其自主性、主动性和创造性，提高其判断能力、道德选择能力、独立自主能力，完善学生品德，达到知行的自我统一。

第四，营造良好的班风、学风，使学生在德、智、体、美、劳等方面全面发展，形成团结、友爱、互助、融洽的班集体，树立正确的世界观、人生观、价值观，养成良好的学习习惯。

第五，注重家校沟通，为学生营造和谐的学习氛围。

三、具体措施

（一）广泛阅读，在专家引领下迅速成长

在参与了名班主任的培训后，我真正认识到自身理论知识的缺乏，真正认识到用专业教育理论知识指导教育实践的重要性，真正认识到阅读的重要性。作为新时期的班主任，我要开阔视野，广泛阅读。多阅读一些有价值的书籍，如苏霍姆林斯基的《给老师的建议》《班主任——专业化的理论与实践》，魏书生的《班主任工作漫谈》，陶行知的《教育名篇》以及其他教育名家的教育教学专著等。除此以外，我还要阅读教育心理学、发展心理学、行为心理学、班级管理学等方面的书籍，让书籍中的"专家"引领我学习先进的教育管理知识、先进的育人理念，努力使自己具备组织和管理学生的能力、研究学生的能力，不断更新自己的教育观念，不断拓宽自己的知识视野。在阅读的基础上写读书笔记、心得体会，结合教育实践撰写教育案例、教育故事和教育随笔，能够增加自身知识的含金量。在不断的阅读中提升自己的品位，提高自己的理论水平，让自己成为一名有专业素养的班主任。

（二）参加培训，提高专业实践能力

小学生具有很强的模仿能力，教师的一言一行都对学生具有熏陶作用，因此，教师需时刻注意自身的修养，加强专业基本功训练，提高专业实践能力，让自己成为学生心中的榜样，让学生“亲其师、信其道”。提高专业实践能力的主要途径有：

第一，珍惜省名班主任培训机会，利用名师工作室的平台，与优秀的班主任、指导老师交流学习，拓宽自己的视野，提高自身的管理技能、班级活动组织指导技能等，使自己能迅速成长为一名业务优秀的班主任。

第二，积极参加各类有益的在职培训，不断更新知识，提高工作技巧和能力，把培训与教育教学实践紧密结合起来，养成一种持续学习的习惯。

第三，与其他教师进行专业合作，发展合作交流的能力。

（三）及时反思，在反思中产生教育智慧

班主任要学会理性反思，对自己和学生的思想行为进行分析和总结，掌握其中带有普遍性、规律性的东西，不断提高自己的专业能力。反思是老师专业发展和自我成长的核心因素。坚持反思可以总结实践经验，既能积累教育材料，又能不断修正自身的错误。

（四）虚心学习，在学样德育团队中取长补短

团队智慧高于个人智慧，良好的团队学习氛围，是促进班主任专业化建设的基本条件，在实际工作中我坚持向学校优秀班主任学习，取长补短。学校各年级都有班主任论坛或德育研讨课，我都积极参加，认真研讨，学习优秀班主任管理班级的经验，强化和完善学科思维，提升思想意识。

（五）参与课题研究，提升教育能力与专业理论知识

课题研究的过程，就其本质来讲就是发现问题、提出问题、分析问题和解决问题的过程。因此，在实际教育的过程中，我积极参与学校的课题研究，多听课、多反思、多写教育案例，提升自己的教育能力，形成自己的研究方向，建立自己的研究课题。

第三节　班主任成长个案

不经意中，成为班主任已有近十个年头，在这百千万的班主任队伍中，我是不起眼的一员，是历经磨砺的一员，但也是幸运的一员。这十年中，我庆幸没有重复着日复一日、年复一年的工作；这十年中，我遇到了爱我信我、无限纯真的学生，也遇到了支持我、配合我的家长，更重要的，是遇到了引我前进、促我成长、让我学会反思的导师。

全国知名特级教师张万祥说："世界就是这样，想不寂寞的人，常常终生寂寞；而甘于寂寞的人，却常常不寂寞。"我的班主任成长之路甘于寂寞，但却常常不寂寞。由痛苦到收获一点成绩，虽然一路坎坷，却一路歌……

一、小聪明惹大问题

作为一名年轻的班主任，我有过成功的喜悦，但更多的是管理班级学生的实践过程中遇到的问题和困惑，这些问题曾深深地困扰着我。所幸的是，仗着自己的小聪明，利用师范学校学习期间学到的教育技巧、对学生真诚的爱，以及老教师的指引，我顺利地解决了教育中遇到的一个又一个难题。那时的我，满足于自己的小聪明。但不久，问题随即而来。

（一）对学生的爱前期出于责任，后期缺乏距离

若问起我那时的学生，谢老师好吗？估计很多学生都会说"好"。我想，是不错，对犯错的学生，我苦口婆心地教育着；对成绩下降的学生，我不断督促着；对于上层生，我也给予及时的表扬。但思及深处，我却有些惭愧，我的所谓对学生的爱，有些浮于表面，更多的是一种责任感。因此，我虽与学生关系融洽，却走不进学生的内心，虽是良师，却非益友。而当我意识到问题后却又走向极端，对学生的爱没有保持一定的距离，因"爱得过火"导致班级管理出现问题。

（二）对学生缺少远大志向的引导

班里男生多，大多数学生很聪明，所以学习起来也不吃力，因此也较满

足于现状，不思进取。此外，大部分学生家庭比较富裕，但家长的文化素质不高，对孩子缺少目标指引。因此，学生缺乏远大的志向和学习热情，成绩总不能有质的飞跃。面对班里的这类学生，作为班主任的我，虽采取了一定的教育措施，但并不能真正地触动孩子的内心，因此教育效果甚微。这不能不说是我的遗憾和失误。

（三）对后进生的教育孤军奋战

回首以往教育学生的方法，很多时候总是苦口婆心，大道理倒是讲了不少，却很少给学生“留白”，没有给学生创造自我反思与自我教育的机会，学生一直被动地接受教育。而且，在教育学生方面，我也忽视联合科任教师的力量。此外，也很少利用班级的舆论力量来教育学生，不懂得让学生来感化学生。因此总孤身奋战于对后进生的教育中。

（四）缺少先进理念的指引，自我反思不足

曾经，我的班主任工作也处于不健康的状态中，表现为不重视理论指导、工作处于依靠经验状态。由于我不重视学习，缺少先进理念的指引，所以学生的管理、班级文化的培育、班级发展目标的达成，常会不全面、不到位、不科学。比如班集体建设工作不规范、不科学，有时候不管过程，只注重结果，导致班级管理更多的是“管”，而缺乏让学生自治自管的思想。同时，对自身工作缺乏反思也让很多工作都在原地踏步。尽管付出了许许多多辛勤的汗水，可是很少能品尝到工作所带来的幸福和快乐。

正当我迷茫苦恼之时，恰好遇到了班主任基本技能比赛，我接到了任务，在指导老师的监督与指导下，我开始接触有关教育方面的书籍。在通过了区、市的比赛之后，虽因意外与省赛失之交臂，但我有幸参与了省名班主任的培训，于是，开始了我的专业班主任成长之路。

二、放飞梦想：踏上专业成长之路

（一）以书为师，与大师对话

不知是否每个80后都一样，热衷于泡沫文化，依赖于网络，遇到问题，第一个想到的是谷歌和百度；每次想读点什么，却懒于研读，只是在需要的时候翻翻书本，或在网上快速地浏览。在当了几年班主任之后，我发现我对学生的教育以及班级管理处于依赖经验状态，虽逐步顺利，但总感觉工作水平在原地踏步，于是，我开始对自己的工作进行反思。

（二）与学生“恋爱”，学会如何去爱

1. 爱，要保持距离

陶行知先生说，真教育是心心相印的活动。唯独从心底发出来的，才能打到心的深处。当我意识到对学生的爱浮于表面之后，就开始用我那如火的热情、如诗的爱心，潜心地进行班主任工作方面的研究，并以“师爱”作为教育的信条，满腔热情地以师爱去感化学生、培养学生、塑造学生。然而，却因“爱得过火”，吃尽了这爱的苦头……

【由怜而生爱】

一年前，初接602班，记得开学第一天，当我带着一帮孩子参加升旗典礼时，路上遇见了这个班以前的老师，我清楚地记得，共有5位老师对我说：“今年你接了这一班？恭喜恭喜。”这“恭喜”声中，我分明觉得变了味。回到班里，我对孩子们说：“同学们，你们能告诉我，为何你们以前每个老师都对我说恭喜，真的是恭喜吗？”“不是的，她们说反语呢。”学生们小声地回答我。我故意说：“这是为什么？”一只只手举了起来：“我们爱打架斗殴”“我们纪律不好”“我们成绩落后”“老师们都不喜欢我们这个班”……其实这些我早知道的，只是，我不想带着偏见去带这个班，看着这群学生，我顿生怜爱，我想好好去疼这群“问题生”，我想让他们不带遗憾离开小学的校门……

【亲其师无法信其道】

接下来，我与学生一起选班歌，建立班干部队伍，构建班级文化，制定班规……建立班集体，开始的一两个月总是比较艰苦的，我严格按照规定进行，只是，由于对这帮“问题孩子”的偏爱，课余时间我经常和他们一起聊天，聊他们平时的学习和生活，对他们的关怀好像大姐姐，认为他们只是小孩子，只要能帮到他们的都尽量帮助，只要能满足他们要求的也都尽量满足。

这个时候，我虽然和同学们打成一片，却发现了很多问题：由于和他们太过亲密，所以他们对我的敬畏心减弱了，做事拖拉，班里很多规定实施起来也收不到效果，更加严重的是，班干部完全发挥不了作用，整个班集体不够团结，成绩也退步了。

我有些疑惑了，我到底是做错了什么，教育学家不是告诉我们“亲其师信其道”吗？为何从早到晚，我心里装的都是学生，但是收获的结果却是如此，这对我来讲确实是一个严重的打击。我开始对自己的行为进行反思……

【吾日三省，为伊消得人憔悴】

面对这样的状况，我不断地询问自己：让学生喜欢我，我做到了吗？如果做到了这一点，让学生敬畏我，我又做到了吗？对与学生的关系，我进行了重新的思考与定位。

如何对学生充满爱，又保持适当的“爱的距离”，我努力寻找着解决问题的策略。

【痛定思痛，寻找智慧锦囊】

（1）爱有距离

诚如许多教育家所说的，爱是师生沟通的桥梁，是建立和谐师生关系的先决条件。与学生的接触，放下“师道尊严”，自然有利于接近学生，但若忘乎所以，缺乏应有的距离，时间一长，学生便会觉得你少了作为一名老师应有的“威慑力”，言行之间流露出“放肆”也就在所难免了。

俗话说，距离产生美。与学生保持适当的距离，才能保持教师的“神秘感”。人的心理有这样的特点：越易得到的东西，越是不知道珍惜；越是身边的，就越会忽略。教师应抓住这样的心理特点，与学生保持适当的距离。在这种情况下，学生不会疏远你，反而会想着接近你，因为你是“神秘的”，是需要他们花心思去捉摸的。同时，因为你与学生拉开了距离，在不经意间赞扬学生身上的闪光点，更能给他们带来惊喜！

（2）亲而不纵

当我意识到问题的时候，我冷静下来，进行了深刻的反思。我意识到，对学生可以亲，但不能纵，于是我采取了以下一系列措施：

首先，严肃处理犯错和不负责任的学生。当我检查班务负责人的工作时，当我查看作业完成情况时，我严肃对待，严格要求，一旦发现学生完成得不好或不认真，我的态度就十分严厉，要求他们按规定改正，然后根据情况进行“奖励”。

其次，大力宣传先进事迹，树立典型。当学生做了好事或为班级做出了些许贡献，或取得了较好的成绩时，我就大张旗鼓地进行宣传，和他们一起享受成功的快乐，在班里树立典型，使大家有学习的榜样。

最后，树立教师权威。让学生喜欢我，我做到了，但让学生敬畏我，却是我要努力的方向。于是，我开始注重言行举止，不随意与学生开玩笑；与学生交流时，多谈公事，少谈私事；对不尊重长辈和老师的学生决不容忍，一定严肃批评。时时让学生意识到我是老师，是一个引领者。

（3）距离因人而异

正如对学生要因材施教一样，与不同的学生，也应保持不同的距离。至于应保持怎样的距离，便是教师教育智慧的表现了。

面对性格外向、喜欢亲近教师的学生，我与他们保持相对远的距离，避免过于亲密的关系影响自己对学生的评价，也避免其他同学形成老师较偏爱他们的错觉；与自卑心较重的学生，便要保持较近的距离，让他们感受到老师的关注，感受到老师是一视同仁的，从而唤醒他们向上的动力；面对性格活泼的学生，我严肃面对，有意识地利用距离的力量。

慢慢的，随着我思想观念和管理措施的改变，各种迹象都表明整个班级在向好的方向发展：班干部慢慢发挥了作用，值日没人逃了，布置下去的任务也基本上能完成了，班级凝聚力加强了……

教师与学生之间的关系是非常微妙的，过远则有生疏之感，过近则生戏谑之忧。适当的距离产生美，美产生魅力，魅力产生尊严，尊严产生力量。是我的学生教会了我如何去爱，教会了我该如何保持爱的距离。

2. 爱，是一场互相成全的生命遇见

我力求关注班中的每一位学生，并长期进行学生常见问题的诊断与辅导策略的研究。例如，针对心理问题调适、人际交往不良、亲子沟通障碍、攻击倾向等方面，我进行了案例研究，探究辅导策略。班中学生小钊具有攻击行为，但他的家长教育方法却是简单粗暴的。为了帮助他，我通过个人谈心的方式，让小钊正确认识和评价自己。此外，针对小钊性格形成的家庭环境，我还实施了家庭教育干预和攻击行为干预，让他的同班同学参与进来，帮助他改变自身的不良行为，发挥群体力量。通过调动和整合多方资源，小钊慢慢学会了控制自己的情绪，性格和行为也有了很大改善，学会了与他人和平相处。

3. 爱，是给予发现美的眼睛

在班级中，我们制作了一棵“成长树”，学生们成长的点点滴滴都在每片树叶上留下真实而鲜活的印记。我引导学生用美的眼睛去发现美的事物，当学生发现自己进步或班上同学的优点时，就会写在一片叶子上，然后贴到树上。每到期末，原本光秃秃的树便“长”成一棵参天大树。“成长树”见证了学生的每一分进步，让学生学会了关注身边的美，悦纳自己，也学会欣赏他人。

4. 爱，是以爱育爱的换位思考

小学阶段的学生对长辈比较信服和依赖。因此，在班级管理中，我重视情感教育，用真挚的感情去激发学生的真情，让学生在有温度的环境中成长，以爱育爱，以爱唤爱；同时，换位思考，试着从学生的角度去看待问题，向学生请教，以小学生为“大先生”，走进孩子的内心，与学生共成长。

（三）与家长为友，共做学生成长的引路人

我一向觉得父母是天底下最难的角色，因为他们都没有接受过怎样做父母的系统教育，而只能在孩子长大的过程中摸索前行，有时他们并不是不支持、不配合学校教育，而是他们不清楚自己应该怎样做。作为班主任，经常要跟家长打交道。每次接手新班，我都会在第一次家长会上说：“感谢家长的信任，把孩子送到学校，让我有机会结识这些可爱的小天使。希望在未来的日子里，我们能全心全意为着孩子共同努力。”通常，我都力争从一开始就与家长拉近心理上的距离。

在与家长联系方面，我也争取方法多样化。如用便条与报喜单、家校联系卡、校外评价表、网络交流、家长座谈会、学生素质评价手册等方式与家长取得联系。值得一提的是，便条和报喜单这两种书面交流方式特别简单、便捷。教师只需用寥寥数语，就可以让家长了解自己孩子在学校中的精彩绘画、有趣的发言、优美的作文、好人好事等闪光点。家长会的形式也多种多样，如报告式家长会、会诊式家长会、恳谈式家长会。其中，恳谈式家长会是班主任以诚挚的态度请家长来，征求家长对教育的意见，并向家长提出家庭教育的目标及措施，从而增强家长与教师的教育一致性。

在家长会上，除通告班级事项外，有时我也会向家长推荐一些有意义的教育文章、书籍和电影，比如《父母改变，孩子改变》《孩子，你慢慢来》《好妈妈胜过好老师》《真爱并不是一件简单的事情》《地球上的星星》等等，引导他们思考怎样与孩子相处和交流，怎样正确看待孩子的成长。

在与家长的交流中，我不仅提高了沟通能力，更懂得了如何在教育中利用多方资源，形成教育合力，提高教育的实效。

（四）在团队中成长

1. 参加培训，提高专业实践能力

在提高专业实践能力方面，我主要从以下几个方面入手：

（1）利用省名班主任培训机会，通过名师工作室的平台，与优秀的班主任、指导老师加强交流学习，拓宽自己的视野，提高自身的管理技能、班级活动组织指导技能等。

（2）积极参加各类有益的在职培训，不断更新和补充知识，提高教学技巧和能力，把培训与教育教学实践紧密结合起来，养成持续学习的习惯。

（3）与其他教师进行专业合作，有效发展合作交流的能力。

以前，在碰到教育突发事件时，我容易情绪化，在处理问题时也容易冲动，因此总有些问题处理得不够艺术。但经过老师的指导和两年的学习，无论是面对学生、家长还是同伴的问题，我总能冷静思考，并巧妙地处理问题，赢得了大家的一致肯定，自己也迅速成长为一名业务优秀的班主任。

2. 参与课题研究，提升教育能力，增长专业理论知识

在教育的过程中，我坚持积极参与学校的课题研究，多听课、多反思、多写教育案例，提升自己的教育能力，形成自己的研究方向，展开自己的课

题研究。以课题研究为支撑，两年间，我的科研能力和个案研究能力得到迅速提升。

（五）借助反思提升自我，在反思中产生教育智慧

反思是老师专业发展和自我成长的核心因素。班主任专业化建设贵在学习、重在反思。在教育过程中，我通过两种途径进行反思：一是对自身的经验进行反思，即站在自己的肩膀上攀升；二是对他人经验进行反思，即站在大师的肩膀上前行。教育经验的表达和分享甚至比教育经验本身更为重要，因为它能使教育经验不断增值和扩容。

三、努力破茧：向着远山，我正在路上

（一）班主任的角色定位

在以往的工作经历中，受到周围不同类型班主任的熏陶，我在带班过程中不自觉地突出了管理者角色，并用各种措施不断强化管理者的角色，却淡化了教育者的角色。虽然班级管理有起色，然而总是感觉很累、很烦、很苦恼，苦思冥想，却不知问题的关键点在哪。读过名师指引后，才知道自己没有处理好管理者和教育者的角色冲突，甚至将其本末倒置。角色定位决定管理模式，所以，如何处理好管理者和教育者二者的关系，考验着班主任的智慧。

（二）班主任单纯依靠经验无法成长

苏联教育家阿莫纳什维利说过：“有这样的人，他在学校工作了三四十年，并为自己的教龄长而引为自豪。但他每一学年的工作都是上一学年工作的重复。他没有热情，没有灵感地工作着，忠实仔细地完成每天的工作……在他的工作中没有疑问，没有矛盾，他对新经验漠不关心，害怕改革，他自始至终这样地在学校工作着，直到退休为止。他还为自己谋取到了奖章和荣誉称号。然而，这样的‘行家’却早已对学校、对儿童、对日益复杂的教师工作感到厌倦了。”班主任单纯依靠经验是不会成长的，教师的成长更多地取决于其能不能在遇到问题时多吸取名家专家的经验，动脑筋，想办法，使之成为适合自身教育的方法，更多地取决于不断发现和解决教育教学过程中的问题，不断改进自己的教育教学行为。

（三）班主任成长的关键在于反思

所谓反思，就是班主任把自己作为研究对象，研究和反省自己的教育实践、教育观念、教育行为以及教育效果，以便对其进行及时调整。反思源于对现实和自我的不满，其目的是要改变现状，超越自我。因此，反思虽然持批判立场，但是其结果却往往是具有建设性的。班主任反思的过程也是其专业成长的过程。

（四）班主任需不断提高理论修养，更新理念

在长期的教育教学活动中，我能明显感觉到职业倦怠感，内心的激情和梦想在现实的消磨下，一点点丧失。这一切，都和以前不主动学习和不经常阅读有着密切关系。在导师的指导下，面对班级管理中出现的各种问题和困惑，我也在主动地求新求变，运用自己的智慧建立班级管理的特色制度。不学习，无进步！这是需要时时刻刻牢记于心的真理。只有不断学习，更新知识，才能造就进步的自己、优秀的自己、成功的自己！

向着远山，我正在路上。班主任工作永无止境，我希望自己不仅在播种知识和爱，也能收获感动和成长。我希望通过不断锻炼、学习和总结经验，提高各方面的能力，从而把工作做得更好。“路漫漫其修远兮，吾将上下而求索”。

第四节　从个体至共同体

“我们是班主任，面对的是一个个的学生个体，引导好一个学生，便影响了一个家庭，我们任重而道远，因此，我们有责任自我成长，给孩子们最好的教育。”这是在班主任培训当中我经常对参训教师讲的一句话。平凡的一句话，是我教育理念的体现，也是我一直努力的方向，更是作为一名一直致力于帮扶薄弱学校老师成长、带领省名班主任工作室团队的主持人老师的愿望。

一、破茧重生，匠心立梦，精心打造工作室平台

在工作中，我深刻地体会到作为一名班主任，身上所背负的责任，也很遗憾地目睹部分同行，他们只会埋头苦干，而不讲究智慧与技巧，对于班主任岗位的繁重工作，他们“不愿做”或“不会做”。在这样的情况下，是怨天尤人，就此放弃对教育理想的追求？抑或是改变自身的教育方式方法，寻求新突破？这成为刚踏上工作岗位的我要面对的一道难题。

《孟子·离娄上》云：“行有不得，反求诸己。”我想，当我们无力改变环境的时候，唯有改变心境；当无力改变现状时，唯有改变自己！痛定思痛，我本着“一切为了学生发展、教师成长，减轻班主任的工作负担”的最初想法，于2015年申报了“广东省名班主任工作室”。近年来，我一直依托工作室平台，兢兢业业，不断调整自身的角色和定位，带领学员们不断进步，发挥工作室的示范、引领和辐射作用。

在2016年李克强总理的《政府工作报告》中，首提“工匠精神”一词，时代赋予了“工匠”刻苦钻研、坚定踏实、专注执着、精益求精的内涵。落在个人层面，就是一种信仰、一种追求、一份热爱，更是一种对职业敬畏、力求极致的态度。对教师而言，取法匠心，才有可能成为“巨匠”，成为“人师”。我希望借助工作室平台，打造一个精益求精、追求卓越、具有创新能力的“匠心”团队，培育一批“匠心型”班主任，为班主任的专业成长和孩子的幸福成长奠基。

二、厚积薄发，匠心筑梦，赋能班级学生家长共成长

（一）刻苦钻研，博采积淀增强发展内驱力

习近平总书记在系列讲话中，要求广大教师要做“有理想信念、有道德情操、有扎实学识、有仁爱之心”的“四有”好老师。身为党员教师，我时刻以“四有”好老师的标准严格要求自己，熟知《中小学德育工作指南》《中小学心理健康教育指导纲要》等，遵循孩子生长规律，进行有针对性的教育。同时，通过“成长规划”“与书为友”“拜师学艺”“课题研究”“团队研修”等途径，博采众长，积淀底蕴，提高自身思想政治素质和师德修养，增强发展内驱力。

（二）开拓创新，发掘资源创设“同趣”班级生活

同趣，即同一旨意，同一志趣。作为班主任，我通过以下三个着力点构建“同趣”班级生活。

1. 开创“匠心型”带班模式，与班级共成长

我以省“十三五”教育科研课题“发展中地区推动班主任专业化发展的实践研究”为指引，致力于构建“匠心式”班级管理模式。匠心，首当体现于对学生的“精心打磨”与对班级管理的“精严细实”中。“匠心式”班级管理注重“四化”，即科学化：做规划，重引领，目标化具体；精致化：定机制，重规范，规则变自觉；人文化：抓关键，重细节，平凡出精彩；特色化：创特色，重激励，创意促发展。该模式的实施，给班级带来了积极效应。我所带的班级多次被评为学校的“文明班”，班级中队也被评为省、市、区的“优秀特色中队”，班中学生在省、市各项竞赛中均成绩突出。我也在多种场合进行了班级管理模式的展示交流，该模式成果还刊登于《中小学德育》上，进行了全国性的推广。

2. 学校、家庭、社会三位一体协同育人，与家长共成长

成功的教育应该是学校、家庭、社会三位一体的配合教育。因此，在教育中，我重视家长资源的运用，通过市级课题“区域性小学有效家校互动模式”与“基于自主发展与社会参与的小学家校合育校本课程的实践研究”，构建校本课程，开展实践活动。我们通过先后建立学校家长委员会和班级家长委员会，与家长们一起打造了家长志愿者服务队，包括“家长义工”“家长课堂”“主题家长会”“家长讲座”等别具特色的家校合作项目，真正发挥了家校合作育人的教育功效。同时，尝试构建家长学校课程，不断提升家长素质。我们还不断在各实验校推进课程，带动了一大批教师的成长，拓宽了家校联系渠道，目前影响到的家长近万人。

三、追求卓越，匠心逐梦，倾力培育班主任共同体

（一）匠心引领，做好工作室顶层设计

在长期摸索过程中，我以“三同”（同心、同学、同行）作为工作室宗旨，以“两成”（成全、成长）为工作基点，以“培育匠心型班主任专业成长共同体”为特色定位，形成“匠心型”主题下的工作室特色体系，实行“2+N”

模式和"导师制"，制定成员和学员的培育制度并严格执行，不断引领工作室成员、学员及区域班主任的专业发展。

（二）术有专攻，课题研究凝聚特色

在"匠心"理念引领下，工作室通过课题科研带动班主任们的成长，并逐渐形成各位班主任自身的特色。4年间，工作室成员共申报了省级课题5个、市级课题20个，一大批班主任迅速成长起来。工作室培养了市、区级名班主任共5批近300名。工作室成员受邀至合肥、广西、广州、东莞、佛山、顺德、中山、茂名、肇庆、阳江、惠州、陆丰、梅州、汕尾、深圳、潮州等省、市、区、县开展大型讲座及课例展示近200场，影响几万人，既向外推广行之有效的课题研究和班级管理经验，也引领本地班主任队伍发展壮大。

（三）立足本校，专题培训带动队伍发展

学校是教师成长最重要的平台。因此，一直以来，工作室要求扎根学校发展。在枫溪小学"悦文化"理念的引领下，根据班主任在工作中所遇到的瓶颈问题，我组织开展系列专题培训，依托工作室，搭建班主任学习、交流、展示的平台，形成了"专题培训—专家分享—教师分享—总结提升"的培训模式。近3年来，工作室已召开近20场班主任专题分享会，我们一直行走在专业成长的道路上。

（四）访学互动，辐射引领区域学校

应成员校对学习内容的需求，我借助工作室的每月例会，组织老师们开展"访学互动"活动，为成员校送上校方所"点"的讲座或课例。通过"访学互动"活动，工作室成员走进省内外20多所学校，推广工作理念，践行课题构思，分享特色做法。在活动中，成员们得到磨砺，逐步成长为独当一面的地区性德育工作领头羊。同时，工作室对各区域学校的班主任队伍进行专业培训，极大促进了班主任队伍的专业化成长。

四、守望初心，匠心圆梦，实现自我与团队共提升

（一）扶贫支教，带动薄弱学校班主任队伍的发展

我来自农村学校，因此一直有一份情怀，希望能尽自己一份绵力，带动农村薄弱学校的班主任队伍成长。我带领工作室成员，为包括东明小学、东

山村小学、东三小学在内的多所薄弱学校送教送课，为这些学校的教师研课磨课，促进班主任队伍的发展。

（二）匠心前行，努力做“四有”教育工作者

在带领团队发展的同时，我深刻地认识到自身的不足，因此，我也一直孜孜以求，加强自我修炼，力争做“四有”教育工作者。

1. 以“赛”代培，练就扎实的基本功

比赛是实现教师专业成长的一种有效方式。近年来，我不断通过各种技能大赛锻炼基本功。例如，参加市级比赛，包括潮州市首届中小学青年教师教学能力素养大赛、中小学班会课教学观摩比赛、小学班会课比赛、小学青年教师数学教学观摩比赛、中小学班主任专业能力大赛、小学青年教师数学说课比赛，均获得一等奖。此外，我还参加了广东省第五届小学数学优质课观摩比赛，获得了二等奖；广东省第五届数学说课比赛，获得了二等奖；课例设计获得了全国比赛一等奖，班会课设计获得了全国一等奖。

2. 勤于写作，在反思中不断前进

繁忙的班主任工作并没有让我停下写作，我依然笔耕不辍，把在教育教学实践中获得的心得和经验诉诸笔端。近年来有近50篇教育教学论文和多项教学设计获国家、省及市级奖项，40余篇教育教学论文刊登于《班主任》《中小学心理健康教育》《中小学德育》《中小学班主任》《全国生命教育杂志》《广东省中小学德育》《广东教育》《潮州教育》等国家、省、市级刊物。此外，我还主持及参与国家、省、市级课题研究13项，主持省级课题4项、市级课题6项，并获全国青少年读书征文指导一等奖。

古罗马哲学家塞涅卡说过：“生命如同寓言，其价值不在长短，而在内容。”生命，不应该只有长度，更要有厚度。一个生命，只有拥有厚度，才能无愧；只有焕发光彩，才有意义。我愿给自己一些“苦心人，天不负，三千越甲可吞吴”的勇气，给自己一些“不积小流，无以成江海”的坚韧，向前走，不断地增加生命的厚度！

（本文2022年发表于省级刊物《南粤名师》）

第二章

“匠心式”班级管理

把学生当成每一件富有生命力与个性的艺术品，精心打磨，全力打造！

——题记

2016 年，国务院总理李克强做《政府工作报告》时，首提“工匠精神”，让人耳目一新。作为社会热词的“工匠精神”，如今不再只是制造业的专有名词，它代表着一个时代的气质，坚定、踏实、耐心、严谨、敬业、精益求精，注重细节，要求极致完美。匠，亦分匠气与匠心，取法匠气，只能是个亦步亦趋的技工，多成“教书匠”；取法匠心，才有可能成为“巨匠”，才有可能成为“人师”。对班主任而言，匠心，首当体现于对学生的“精心打磨”与对班级建设及管理的“精严细实”中。带好一个班，把大事化小事，把小事做好，把小事做到位，亦是工匠精神的体现。我尝试在我所构建的班级管理模式中，融入工匠精神，精心打造“匠心型”班级管理。

同时，适应社会和教育要求，从“教书匠”走向“人师”，从传统走向自主。班主任必须在班级管理中实现角色转变，才能更好地履行管理职能。班主任只有从各个方面不断地加强自身的修养，才能有效地实现这种角色转换，真正为建立“匠心式”班级管理模式打好基础。

第一节　传统班级管理模式思考

新的课程标准实施以来，学校教学受到了前所未有的关注，新课程改革下的班级管理珍视学生个体的价值，充分调动学生的主体性，鼓励学生作为班级的主体进行管理方面的探究、自我管理与亲历实践能力的培养，呼唤班级管理文化的重新构建，要求学生积极参与班级管理，增强每个学生的主人翁意识。我们可以看到，在小学班级管理具体工作中，一些教师在班集体建设方面做了积极的尝试，使学生感受到教师的民主作风，班级管理取得了积极的效果。但是，仍有很多教师没有意识到班级管理改革的重要性，或者在实施的过程中把握不准，造成了一些片面的、无效的管理行为。

一、传统班级管理模式现状

（一）以“权”为本，“管理型班级”忽视管理民主化

受传统教育观念的束缚，一些教师本身就观念陈旧，这些陈旧的观念直接导致在班级管理中把学生当成被管束的客体。班级事务均由班主任一手操办，由班主任“说了算”，这种管理方式依赖指令，班主任依靠强制的纪律和自己的权力去实施管理，用命令代替民主，用权威压制个性，排斥教育民主化和管理科学化，师生之间是一种严格的上下级关系，学生对教师要绝对服从，教师是管理者，学生是被管理者。

（二）以“分”为本，“学习型班级”忽视学生能力发展

学习型班级更注重以各学科知识的学习为中心，目标是师生共同努力营造良好的学习氛围，其他方面的能力比较弱，忽视了学生的个性人格和社会性方面的作用。

在学习型班级管理中，一些教师在进行班级组织建设时，常以分数高低来判断学生能力高低，通常根据学生的成绩来选拔班干部，以为这样的班干部一定有威信，其实这种观念早已不可取。

（三）以“章”为本，“制度型班级”忽视人性化管理

在班级管理中，有些班主任极力推崇制度化管理，完善了管理制度，却忽视了人性化的管理，管理中在规章制度上做文章，将制度细则化、标准化，配合一定的制裁手段，班主任形同监工，将以法治班变成以罚治班。这种管理方式让人疲于应付，最后成了只做表面文章。

（四）以“师”为本，“包办型班级”忽视学生的主体意识

长期以来，由于班主任深受“保姆”角色的影响，管理理念的更新没有跟上时代的步伐，班主任教师起早贪黑、事必躬亲、苦口婆心，终日被琐事缠扰，疲惫不堪，而其他科任教师上完课就万事大吉了，只管教书，不抓育人，忽视管理，有时甚至出现学生不听科任教师管理，要靠班主任来维持秩序，才能进行正常的教学活动的现象。教育和管理学生的重任全集于班主任一个人，主要是班主任忽视了学生成长过程中的主体意识，总是把事抢在学生前面做，把原本属于他们的事代劳了，剥夺了学生经历磨炼的权利。

二、传统班级管理模式优点、缺点分析

对传统班级管理模式的分析表明，传统班级管理的主体一般由班主任、班长（学习委员、文体委员、劳动委员等）、组长及学生组成，班主任的管理职能是通过班长、学习委员等班干部来实现的。班主任为了顺利实施管理，必须将班级管理权分配给班委会成员。其中班长等班委会成员是一级班干部，行使班主任的部分管理职能。一级班干部行使管理权则要通过二级班干部即组长来实现。

传统班级管理模式的优点主要有：

（1）班级管理权力的层层分解，使班主任的管理具有系统性，方便了班主任的管理。

（2）使班主任拥有了绝对权威。

（3）在班主任的权威影响下，学生专注于学科学习，班级成绩优秀。

传统班级管理模式的缺点在于：

（1）拉大了一般学生和班主任的距离，这种距离感比较严重地体现在学生心理上，让班主任的管理客观上出现喜好、多寡的矛盾，学困生便是这种

管理的衍生品，这部分学生更容易对班主任产生信任危机。

（2）班级管理制度缺乏活力，学生参与班级管理的程度较低。

（3）班干部相对固定，使一些学生养成了“干部作风”，把“荣誉”看得重于“责任”，且只把自己看成“老师的助手”，忽视自己是“群众的代表”。

（4）学生都想当班干部，但缺乏“每个人都是班级小主人”的意识。

这些情况，说明在传统班级管理模式中，班干部特殊化，多数学生在班级管理中缺乏自主性。班主任想方设法通过改进班干部选拔方式来做到公平、公正，但是这种问题是结构性矛盾，并非班主任能通过调整班干部选拔的运行方式而改变。

第二节　影响小学班级管理的因素

一、“层级化”管理结构对班级管理的影响

现行小学高年级班级管理结构多为稳定的层级化管理，班主任处于多层结构的最顶层，需要对班上各项工作进行统筹安排。班级中学生可分为四层：第一层是班干部，他们对整个班级工作负责；第二层是小组长、小队长，他们对班级的小组工作负责；第三层是小组、小队成员，他们对群体分配至个人的工作及群体对个人的期待负责；第四层是大多数学生。这种金字塔式的结构，对学生的影响很大。班级管理工作相对固定，班级干部被看作是一种荣誉和信任，拥有管理别人的“权力”。然而，多数学生处于被管理的地位，造成其缺乏班级主人翁感，缺乏自主管理意识。学生在班级的差异，不利于培养学生对集体的责任感，也不利于养成自主参与意识，以及民主、平等待人的行为习惯。一部分学生长期扮演着管理者的角色，另一部分学生从未扮演过任何管理者的角色，不仅会让两部分学生产生距离感，更拉开了很多学生与教师的心理距离。

二、班级文化建设对班级管理的影响

冯恩洪说：“环境是一种教育力量。我可以叫我的学生不随地吐痰，这是

一种教育，但是我还应该创造一种环境和气氛，使学生不好意思随地吐痰。我可以叫学生勤奋学习，我还应该创造一种氛围，使学生置身其中，不学习觉得愧对老师、愧对学业。这是一种更高层次的教育。”这种教育，讲的就是班级文化建设对班级管理的影响。

班级的管理是有层次的，初级的管理靠监督，中级的管理靠制度，高级的管理靠文化。在班级管理上，我们应该有更高品位的管理方法，有更令人满意的管理效果。管理班级靠老师、靠制度、靠纪律，管理了人，管不住心。班级文化建设就是一种文化形态，一种价值观念、价值判断和价值取向，是一种不成规章的行为准则，通过集体舆论去约束班内每个人的言行，是一种高层次的教育。营造良好的班级文化，靠文化去管理才是高层次的、有力的、高效的管理。

一个优秀的班集体，必然有良好的秩序，而井然有序的班级秩序是靠班级制度来保障的。所以，健全班级规范，完善班级制度文化，是班级文化建设的重要方面。

现行小学高年级班级文化建设中，由于过分强调统一，违背学生身心发展规律，限制学生个性发展，容易造成个人与集体对立、师生关系紧张，对学生和教师的发展都有不小的负面影响。

三、教师自身因素对班级管理的影响

受传统文化影响，大部分班主任存在着“师道尊严”的思想，并且有很大一部分班主任在接受职前培训时，缺乏系统的理论学习，在班级管理工作中，缺乏先进的管理思想和民主创新意识，因此他们习惯于强调班主任权威的管理。他们希望听到的是服从；他们习惯于发号施令，让学生俯首听令，这种管理模式强调控制主义，强调班主任的权威，忽视学生的自主参与，忽视了学生个人的自主性、积极性、创造性，忽视了个人的情感、需要、愿望和兴趣，造成多数学生只会服从和循规蹈矩。对于性格较内向或学习成绩相对较差的学生，其自主意识、主体性更是得不到发展，不利于学生的创新意识和创新能力的培养。

对这些现状的反思，将促使我们重新认识班级性质，确立新的管理理念，推动班级管理模式改革。

四、家庭教育对班级管理的影响

家庭教育在班级教育和管理活动中有着不可忽视的重要作用，然而，一些学生的家长文化素质不高，要么对孩子百般迁就，要么对孩子疾言厉色，与学校的教育背道而驰，使学生或存在妄自尊大、唯我独尊的想法，或存在自卑等心理现象，缺乏正确评价自己和他人、自我调控的能力，更谈不上自主性发展。家庭教育的误区给班级管理带来困难。

五、学生本身存在的问题对班级管理的影响

作为参与班级管理的主要对象和个体，小学生本身所存在的问题也不容小觑。首先，小学生年龄小，生活经验不足。其次，一个班级中的学生性格各异，一些学生的落后思想和消极心理都对班级管理及其自身的和谐发展有一定的阻碍作用。

因此，我们提出构建“匠心式”班级管理模式，让学生树立“班级管理者”的主体观念，班主任逐步淡化管理者意识，调动全体学生的积极性，让全体学生参与，促进学生主体意识的发展。

第三节 “匠心式”班级管理实践

一、匠心班级的特色定位

随着“工匠精神”一词的提出，作为社会热词，“工匠精神”不再只是制造业的专有名词，它代表着一个时代的气质，坚定、踏实、耐心、严谨、敬业、精益求精，注重细节，要求极致完美。

"工匠"一词解释为"有工艺专长的匠人"。很多人认为工匠是机械重复的工作者，然而，匠，亦分匠气与匠心。前者意味着机械、重复、固执和守旧，后者则意味着执着、专注、完美和情怀；前者重技术，后者重艺术；前者做产品，后者出作品。

对教师而言，取法匠气，只能是个亦步亦趋的技工，多成"教书匠"。取法匠心，才有可能成为"巨匠"，才有可能成为"人师"。因此，师者，当怀一颗匠心。

为适应社会和教育要求，教师应从"教书匠"走向"人师"，从传统走向自主。班主任必须在班级管理中实现角色转变，才能更好地履行管理职能。班主任只有不断地提高自身的修养，才能有效实现这种角色转换，真正为建立"匠心式"班级管理模式打好基础。

带好一个班，把大事化小事，把小事做好、做到位，亦是工匠精神的体现。我尝试着构建"匠心式"班级管理模式，使学生的思想日臻成熟，从而师生互促，共同成长。

"匠心式"班级管理，就是要求班主任怀有一颗"匠心"，把学生当成富有生命力与个性的艺术品，通过"精严细实"的班级管理，在班级每一件小事中对学生进行"精心打磨"，使学生变得更加自主、更加成熟，力求使每一项工作、每一位学生都成为精品。

二、匠心班级带班育人策略

作为班主任，我以省"十三五"教育科研课题"发展中地区推动班主任专业化发展的实践研究"为指引，致力于构建"匠心式"班级管理模式。匠心，首先体现于对学生的"精心打磨"和对班级管理的"精严细实"中。"匠心式"班级管理重视班级共建"四化"。

（一）重视班级共建"科学化"——班级发展规划的撰写与实施

班级发展规划是通过自下而上的方式，由学生和班集体结合学校实际、自主做出的关于班级未来发展的规划。班级发展规划要体现人本主义、创新教育与个性化发展、层递性发展要求、全面发展、教育公平等理念。

班级发展规划不是学校规定的计划，不是班主任或者校方的意志体现，而是全班学生和班集体发展要求的体现。班主任和校方对其只具有指导性，没有指令性。它是一个班级在一定时期内要达到的主要目标，既包括硬件建设，如教室布置、书报订购等，也包括软件建设，如学生素质、学习成绩、活动设计、班级管理及制度建设等。

撰写班级发展规划，应重点突出“科学性”，体现以下几个方面内容：

（1）制定规划年限；

（2）现状分析诊断；

（3）制定发展目标；

（4）细化目标领域；

（5）提出发展措施；

（6）突出特色构建。

其中，规划的年限可为一年或两年，根据实际情况而定。现状分析诊断是对班级现状的描述或呈现，并进行分析和诊断。既要看到班级发展的既有基础和优势，也要准确地指出班级存在的主要问题（困难、弱项和不足），并能对问题进行准确归因，分析其症结所在，只有正确归因，才能更科学、更具针对性地确定发展思路，制定发展目标，并根据目标制定发展措施。

（二）重视班级共建“精致化”——“管理团队”的架构与运作

在班级管理中，如何减轻班主任的压力？如何把集体归还给学生？如何让学生在班级的每一件小事中能力得到锻炼、个性得到张扬？如何使学生这件“作品”在班级这个“小社会”中得到雕刻、打磨，变得更加成熟？我尝试建立班级管理机制，让学生自主、充满个性地成长，力求成就每一位学生。

1. 搭建组织架构，形成管理体系

班级管理的最高境界应是实现学生自主管理。组建班委会历来是班主任启动班级管理中最重要的一环，但以往的班委选拔制度，仅仅是少数人得到较充分的发展，学生参与面不广。因此，班委会选举时，我改变了以往的做法。

2. 设立竞争机制，学生竞争上岗

各功能小组负责人的产生，改由学生自荐或推荐，为此，我设计了竞选申报书，主要体现以下几个方面内容：你想竞选什么职务？你的条件符合什么职务要求？当选后准备怎么做？竞选申报书样例如表 2.1 所示。

表 2.1　竞选申报书样例

<table>
<tr><td colspan="4">申报书</td></tr>
<tr><td>姓名</td><td></td><td>竞选职务</td><td></td></tr>
<tr><td colspan="4">我的优势：</td></tr>
<tr><td colspan="4">如果当选，我会怎么做：</td></tr>
<tr><td colspan="4">家长的话：</td></tr>
</table>

学生上交申报书后，再进行竞选演讲，由班级学生投票产生各小组负责人（各 2 人），试用期为两个星期，轮流上岗，进行比较，两个星期后，再确定负责人。通过参与竞选，学生有了自我表现的机会，有了获得成功的机会；也使一些成绩不太优秀但工作能力强的学生脱颖而出，成绩优秀的孩子也更注重全面提高自己的素质与能力。

功能小组的划分受学生能力和人数的限制，不可能人人参与。同时，班级管理中还有其他事务，因此，最好实行岗位责任制，具体事落实至具体人。班级岗位及责任如表 2.2 所示。

表 2.2　班级岗位及责任一览表

<table>
<tr><td colspan="3">班级岗位及责任</td></tr>
<tr><td>岗位分类</td><td>岗位名称</td><td>具体工作</td></tr>
<tr><td></td><td>班主任助理</td><td>协助班主任全面管理班级工作</td></tr>
<tr><td rowspan="8">管理类</td><td colspan="2">负责所有服务类岗位的监督、管理工作</td></tr>
<tr><td>节能员</td><td>负责电源管理</td></tr>
<tr><td>气象员</td><td>负责风扇、空调管理</td></tr>
<tr><td>班牌管理员</td><td>负责班级的班牌管理</td></tr>
<tr><td>平台管理员</td><td>负责班里的平台管理</td></tr>
<tr><td>粉笔管理员</td><td>负责讲台粉笔管理</td></tr>
<tr><td>时间管理员</td><td>负责班里的时钟管理</td></tr>
</table>

续表

<table>
<tr><td colspan="3">班级岗位及责任</td></tr>
<tr><td>岗位分类</td><td>岗位名称</td><td>具体工作</td></tr>
<tr><td rowspan="9">管理类</td><td>失物招领员</td><td>负责保管班级中捡到的物品</td></tr>
<tr><td>发行员</td><td>负责班级学生报刊、杂志的发放</td></tr>
<tr><td>小园丁</td><td>负责班级里的花卉管理</td></tr>
<tr><td>图书管理员</td><td>负责班级图书的借阅保管工作</td></tr>
<tr><td>领操员</td><td>负责班级的领操工作</td></tr>
<tr><td>小雷锋记录员</td><td>负责发放班里“生命树”的叶子</td></tr>
<tr><td>班规执行员</td><td>负责执行班规</td></tr>
<tr><td>眼操小医生</td><td>负责检查学生做眼操情况</td></tr>
<tr><td>小小领读员</td><td>负责早读或任课老师不在时的读书及管理</td></tr>
<tr><td rowspan="4">活动类</td><td colspan="2">负责策划、组织和管理班级活动（午会课、班队活动等）</td></tr>
<tr><td>金话筒</td><td>负责主持班级活动</td></tr>
<tr><td>通讯员</td><td>负责班级活动的报道工作</td></tr>
<tr><td>摄影师</td><td>负责班级活动的摄影工作</td></tr>
<tr><td rowspan="6">卫生类</td><td colspan="2">负责所有生活类岗位的监督、管理工作</td></tr>
<tr><td>卫生巡查员</td><td>负责不定时检查班级卫生及学生个人卫生工作</td></tr>
<tr><td>整洁员</td><td>负责讲台桌面、卫生角的清洁工作</td></tr>
<tr><td>工具管理员</td><td>负责劳动工具的管理</td></tr>
<tr><td>环保员</td><td>负责收集废品，变废为宝</td></tr>
<tr><td>黑板美容师</td><td>负责擦黑板，清理黑板槽</td></tr>
<tr><td colspan="3">专项任务承包责任
（1）承包某项备品者须保持该项备品的清洁，应该定期擦拭，不能在学校检查时因该项不清洁而减分。如讲桌、窗台、门、盆、拖布等
（2）承包者应保证该备品的合理使用。如班级的活动用具（跳绳等）、灯的打开和关闭
（3）保证备品的及时维修，或建议生活委员定期更换</td></tr>
</table>

改革班委建制，设立功能小组，落实责任到人，进行岗位轮换，丰富了班级管理的角色，带来了积极效应，不仅增强了学生的集体意识和班级的凝聚力，而且使学生获得了班级管理主人的积极体验，从而激发了学生主动参与班级管理的积极性，并从管理者的角色中学会管理他人和自我管理。

班级管理团队的架构和运作如图 2.1 所示。

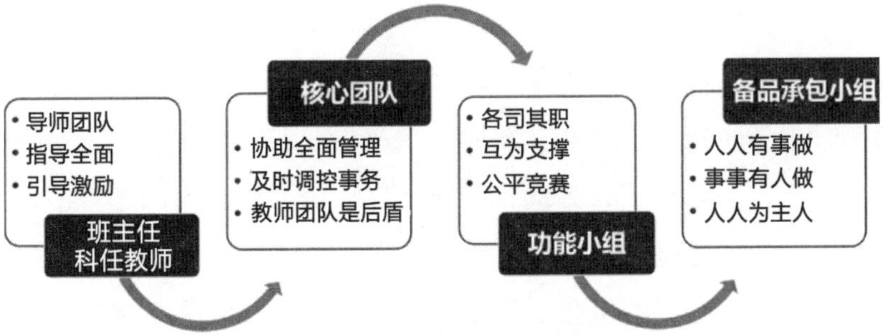

图 2.1　班级管理团队的架构和运作

3. 民主产生班规，自我规范行为

无规矩不成方圆。管理要靠人来实施，靠舆论来支持，更要靠制度来维持。就班级管理来说，校纪班规是其硬件保障。目前，各学校都在不断完善制度建设，校纪班规越来越精细、越来越实用、越来越科学。但是，有些制度还是以教育实施者的意志为核心，缺乏民主性和人文性，过刚过硬，这是不利于学生自主发展的。在实践中，常常出现制定和执行脱节，学生屡改屡犯的情况。因此，我对制度的形成和执行过程进行了革新尝试。

（1）在学生的讨论下产生班规

班规条款如表 2.3 所示。

表 2.3　班规条款

×× 班班规
学习（内容略）
考勤（内容略）
纪律（内容略）
卫生（内容略）
品行（内容略）
奖励（内容略）
期末各项成绩 = 平时各项总分的 40%+ 期末分数的 60%
以此作为期末各项奖励的评奖标准

班规的产生以及执行要做到以下几点：

第一，由学生讨论产生。班规的产生要以学生为出发点，先由学生根据《小学生日常行为规范》，结合班级实际需要经小组讨论生成，然后班级汇总，概括出本班最需要的条款，再全班讨论、修改、删补，最终确定。以"班级公约"命名，由全班学生签名。公约形成后上墙，并发给学生人手一份。我只告诉学生要自己说话算数，对自己的言行负责，做言行一致的人。

第二，由学生执行班规。从实际效果来看，犯班规的人明显减少，但还不能完全避免，毕竟孩子各方面都不够成熟，需要较长时间适应。对于违反公约的学生，必须把违反的那一条或几条读 5 遍，由负责人监督。

第三，给学生解释的机会。学生犯错后，我会对他说："老师想听听你的真实想法，可以诉委屈，也有权利为自己辩解，我绝不批评你。"在学生敞开心扉向老师讲述的过程中，同时也会在一系列内心活动中反思自己的做法，检视自己的行为。这样既能使良好的师生关系进一步发展，也能达到教育目的。

（2）建立班级常规日记制

班级常规日记制能有效辅助班级管理，自评表如表 2.4 所示。

表 2.4　班级常规日记自评表（评价等级：优、良、差三等）

项目	周一				周二				周三				周四				周五			
小组	一	二	三	四	一	二	三	四	一	二	三	四	一	二	三	四	一	二	三	四
卫生																				
两操																				
校服																				
课堂表现																				
行为习惯																				
完成作业																				
总结																				

每个学生每周由值日生评分后写完总结交给班长或副班长等班干部，由他们写出全班整体总结后再交给班主任老师审核，然后公示。

（3）建立卫生检查评价制度

卫生检查评价制度的建立有助于班级卫生管理，评价表如表 2.5 所示。

表 2.5　卫生检查评价表

×× 班班级卫生检查表		
值日生：		
检查项目	各 10 分（总 100 分）	总分及突发情况说明
地面		
门后		
墙壁边沿		
讲台		
平台		
饮水机下面		
走廊		
楼梯		
公共区域		
电源		
共勉：力求做到班里干净，无纸屑，无灰尘，用电安全。大家一起努力！希望你们是做得最好的一个组。加油！		
备注：		

卫生问题也是班级管理中耗时间、耗精力的一个问题。自从建立卫生评价表后，这一问题得以很好的解决。因为卫生范围明确了，责任上身了，学生的自主意识也就提升了。

4. 落实阶段总结，复盘修正成长

（1）周小结：每周班会课，值日班长会对上周班级的各项工作进行总结。师生评议，查缺补漏、想出改进办法。

（2）月小结：每月由班长、组长进行总结。师生评议，适时调整班委会、小组成员。

（3）期末总结：师生共同总结，指出优缺点，制订下学期的计划。

（三）重视班级共建“人文化”——班级显性文化建设与打造

1. 营造良好的班级氛围，给学生自主成长空间

良好的班级氛围显示着班级各成员共同的心理特征或心理倾向。它在形成集体意识和班级特色中起着渲染的作用。班级气氛的形成就是每个成员都有强烈的集体荣誉感。小学阶段，教师要充分发挥自己的主导作用，及时指导学生的工作，为学生创设自由、安全的班级氛围，给学生足够的时间和空间，使学生拥有自主管理的欲望、敢于解放自己的胆量，以及乐于参与的心，学会自主解决问题，乐意为班集体贡献力量。

2. 营造积极的班级文化氛围，提升学生生活意义

班级建设的重要内容之一就是班级文化建设。班级文化有显性文化和隐性文化之别。显性文化包括班级环境的布置、班级口号、班训、班徽等；而隐性文化包括班级风气、氛围和精神面貌等。

（1）匠心构建班级文化环境

班级文化环境建设一般分三个阶段。

第一阶段：开学前夕，直接由班主任及班级中部分出色的班干部联合家长对教室进行布置。如在黑板上写几句热情洋溢的班主任寄语，把课程表、作息时间表等张贴在布告栏上，把教室里的桌椅摆放整齐，给初来班级的学生留下美好的第一印象，让学生一进教室就能体会到大家庭的温暖。

第二阶段：开学后，鼓励学生创造性地、自主地设计、布置、改善、保护教室环境。教室设立橱格摆放学具、益智娱乐用具、文体活动用具和学生活动常用工具，力争创设一种温馨的感觉，让班级环境成为学生表现创造力、体现个性化的舞台。

第三阶段：把班队干部名单公布于壁报，分明职责；定期更换各类喜报，设立“学习园地”“光荣榜”“妙笔生花”等专栏；每个教室专门设置展板，内容有班主任寄语、班级公约、特色班名以及班风展示等。创建和谐的班级文化，使班级成为学生获取新知、陶冶情操、表现才能的天地，成为建设勤学乐读、团结友爱班集体的无声力量。

（2）自主创立班级制度

一个真正的班集体，要有明确的奋斗目标、健全的组织系统、严格的

规章制度、强有力的领导核心、正确的舆论和优良的作风与传统，这样的班级会给学生营造一个健康、向上、乐观的发展氛围，有利于学生素质的不断发展，形成较强的凝聚力。在新学期开始，班主任首先要做的就是在全班学生充分讨论的前提下，共同制定达成共识的班集体的奋斗目标，包括短期目标、中期目标和长远目标，并以书面的形式，挂在教室显眼的位置，使学生每天一进班就能看到奋斗目标，无形中激励学生产生向上的动力。在班会时间，班主任要多次向学生讲述自主管理对个人成长的重要意义，帮助学生明白自主管理的长远影响，指导学生学会自主管理，并不断地给予激励和支持，使他们树立自主管理的信心。

由于学生自我控制能力比较差，需要有纪律和规范的约束。纪律和规范只有被学生自觉地遵守，才能发挥教育作用。所以，在实际操作中，我会分为三个步骤进行。

第一，召开班会，讨论制定班级规章制度的必要性。班会上，让学生围绕“想要一个什么样的班集体”“制定班级规章制度有没有必要”等主题进行讨论。通常在讨论中，会出现正反两种情况，这时班主任就要进行引导并通过事例帮助学生明确制定一套切实可行而又推动班级发展的班级管理规章制度的必要性和重要性。实践表明，最后的结果都是学生自愿制定班级规章制度，因为大部分学生都渴望能在宁静和谐的班集体中学习和生活。

第二，明确目标，自主参与规章制度的制定。明确目标后，动员全体学生参与各种规章制度的制定。学生参与制定规章制度的过程是将外在要求转化为内在需要的过程，它有助于提高学生行为的自主性和自觉性。此外，从学生制定的条款中，班主任可以把握学生普遍存在的问题，比起班主任自己拟定条款更贴近学生的实际，也更显人性化。规章制度的内容包括学习、纪律、卫生、礼仪、考勤等五方面，班主任要引导学生根据自身实际，制定出对自己的合理要求，引导学生学会自觉根据规范要求对自己进行有效的检查、监督和反省，通过自己的行为结果把握与目标的差距，调整行动方向。这些制度由学生自主制定，有很强的可行性和操作性，有助于学生养成自我管理的意识。

第三，选定班级规章制度的管理者与执行者。在制定出班规之后，由学生投票选出各项班规的负责人，负责班规内容的保管、执行和监督。

班规是建立自主教育的标杆，被学生接受的班规才会真正起到引导、调整、规范学生行为的作用。所以，要将制定权交给学生，放手让学生自己制定班规，使它成为班级集体意志的体现，成为学生进行自主教育的依据，成为规范学生言行的准绳。比如，开学初让每位学生至少提出一条上学期做得不够好，这学期须严格遵守的制度。

（3）构建班级精神文化

第一，班级标志物的制定。班级标志物包括班级公约、特色班名、班歌、班训、班级目标以及班风展示等，均由学生通过收集资料、深入研究自主制定。班级标志物内容如表 2.6 所示。

表 2.6　班级标志物内容

班级标志物
班名：朝希班 班歌：《我相信》 班训：相信自己，梦想在你手中！ 班级目标：创示范型、自主型班集体！ 班徽：

第二，人际氛围的营造。魏书生曾说：“民主管理在某种意义上就是多数人参与政治，参与决策，参与比较复杂的工作。”实施民主管理的前提就是尊重学生，与学生平等相待，既做师生又做朋友，建立新型的师生关系。此外，一方面要采取一些措施，如共同制定班级管理制度，实施班组长轮值制等，增强学生对班级的主人翁意识。另一方面，要保护学生自我管理的积极性并经常进行强化。少年儿童的心灵是纯洁无瑕的，他们乐于遵守纪律，乐于配合教师的工作，也乐于为集体服务，只要教育得法，每个孩子都会成为班级管理的积极参与者。让学生不断体验到成功的快乐，会加强他们进行自我管理的意识。

第三，榜样力量的运用。榜样的力量是无穷的，通过对好人好事的表扬，能够激发学生的荣誉感，使有好的行为习惯的学生受到鼓励，获得自信，也让更多的孩子有积极向上的动力。榜样人物应该具体、生动、形象，并对学生有巨大的感染力和说服力，易于为学生所模仿。运用榜样教育学生，要选好典型，使典型本身有教育意义，切合学生的实际。

一般而言，榜样的选择有以下几种：

一是英雄模范人物。小学德育活动要通过形象生动的方式引导学生学习，继承和发扬革命前辈和英雄人物的崇高思想、革命胆略和道德品质，使学生坚定地树立为正义事业献身的信念。

二是历史人物。如伟人、科学家、艺术家以及文艺作品中的典型形象。

三是同学中的好人好事。由于这种榜样是从同学中产生的，与小学生的年龄和生活经历相近，因此，他所表现出来的好品德、好思想、好行为为学生所熟悉，容易被他们接受和效仿，所以有较高的教育价值。

四是教师和家长。教师和家长的语言、行动、思想作风都是学生学习和模仿的对象，教育作用很大。很多学生的行为习惯，甚至个人爱好都是从教师和家长那里学来的。因此，教师和家长应该自觉地把自己看作教育学生的表率，成为自觉的德育力量。

除此之外，还可以通过开展集体活动、正确使用网络、庆祝传统节日等构建班级精神文化。

3. 提高班主任工作的“温度”与“韧度”

（1）以爱育人

小学阶段的学生对长辈的依赖性比较强，因此在班级管理中，情感教育尤为重要。教师要以真挚的感情去激发学生的真情，善于应用语言沟通与非语言沟通，让学生在有“温度”的环境中成长，让学生在自觉或不自觉中去看、去说、去学，互相影响，以爱育爱，以爱唤爱；让教师真正走进学生的内心。当然，要把握好爱的“度”，让爱有距，让爱有理，让爱有度。

（2）善于沟通

沟通可分为语言沟通和非语言沟通。语言沟通要从心开始，从细微之处入手，同时要善于讲究技巧和方法。与学生沟通，教师要学会倾听，给学生营造轻松的沟通环境；尊重学生，根据学生特点选择沟通的方法与语言；偶尔要学会使用“美丽的谎言”，为学生解困，帮助学生树立自信……

非语言沟通所表达的信息往往不很确定，但却常常比语言信息更具有真实性。因为它往往发自内心，难以掩饰。非语言信息是以肢体语言为载体，通过眼神、面部表情、情绪、仪态、动作等达到沟通目的。家长的非语言行为可以补充、加强，甚至代替语言沟通，同样能收到很好的教育效果。有时候，我们的一个眼神、一个称呼、一个动作，都能对学生产生巨大的影响，产生神奇的效应。

（3）强化韧度

班主任工作细琐杂乱，劳累繁重，偶尔还会被学生和家长误解，正因为如此，我们更需要加强班主任工作的韧度，始终心无旁骛，默默坚守，多方面自我提升，使自己迅速成长，柔韧有度。

4. 拓展班主任工作的“深度”与“广度”

（1）充分了解每一位学生

班主任工作的深度，首先应体现在善于捕捉学生生活及学习的每一个细节。从学生家庭成员的构成，家长的教育方法、要求入手，可了解学生个性、性格形成的原因，了解学生的学习、劳动态度；从学生在集体中的表现入手，可了解学生学习水平、活动技能，以及对同学、对集体的态度；从学生所处的生活环境入手，可了解影响学生成长的因素。学生特点了解清楚了，能够帮助我们更有效地去实施管理教育，让我们因材施教。

（2）关注问题背后的原因

拓展班主任工作的深度，还体现在面对学生的问题或班级突发情况时，能冷静应对，透过事情的表面去深究内在的原因，有的放矢。

（3）挖掘多方教育资源

除了加深班主任工作的深度，我们还必须拓展班主任工作的宽度。了解学生、教育学生、促进班级良好班风的形成，都需学校、家庭和社会形成合力。班主任要做三者之间沟通的桥梁，把三者联合起来，尽力挖掘多方资源，增大教育合力。

（四）重视班级共建“特色化”——创设活动课程实现价值引领

1. 微型课程

（1）“十分钟”特色展示

以往的十分钟晨会是班主任的“一言堂”，现在的晨会已经成为学生的一顿“精美可口的早餐”。晨会由学生自主组织，实行承包制，专人负责，全员参与，形成特色。内容包括两方面：一是个人特色展示（可以结合学科进行展示，也可以展示个人专长）；二是班级事务商讨（班级存在的问题及解决方法探讨、个人先进事迹宣传）。

（2）班会

人称“班会第一人”的丁如许老师有一句名言：“生命在于运动，德育在于活动，班会是最有魅力的课堂。”同一台戏有不同的声腔流派，班会同样也有不同的表现形式，如微型班会、综合式的主题班会、自主式的主题班会、辩论班会等。

开展微型班会，要尽可能让多一些学生参与到活动的设计、准备和组织中来。活动结束后，让学生对活动的主题、内容、形式、主持等进行评议，使下次活动搞得更好。

2. 学生自主评价

以往我们的评价体系往往是教师一锤定音，新的班级管理理念告诉我们，这样的评价对学生是不公平的，因为教师的评价，往往带有成人化的要求，往往容易求全责备，当然也不利于学生自我管理、自我约束、自主评价能力的培养。

因此，在目标管理的评价中，我们尝试着以学生自评与学生互评相结合的形式来进行，学生通过自评、互评、小组评，把自己所取得的进步记录下来。在评价中，学生从他人的肯定中得到了满足，获得了自信；在自我批评中，学生学会反省，逐步完善自己。在学生自我评价的过程中，教师要帮助学生找出实现目标过程中存在的差距和努力的方向。

评价结果非常重要，常以集体荣誉奖状和个人荣誉奖的形式展示。

集体荣誉奖状的参评对象为管理小组、各小队，评比时间为每一个循环结束，评比依据是量化表，荣誉名称有“最佳管理小组”“先进小队”，奖励凭证为奖状。奖励仪式设在班务会上，由班长主持，班主任颁发奖状，并将其贴在教室墙上，以示宣传。

个人荣誉奖中比较有特色的是“班级之星”和“报喜单”。根据班规及一周统计得分，一周扣分者要在星期天进行自我反思，表现好的同学若连续两周不扣分，则可参与“班级之星”评选，其中包括“文明之星”“学习之星”“劳动之星”“协作之星”“进步之星”“卫生之星”等。同时，在墙上开辟一处地方，根据班里的四个大组分成四块“区域”，每月对各组同学的各项得分进行评比，把每月评选出来的“××之星”的名字予以公布，并做成海报，张贴在小组所在的“区域”中，以激励学生注意平时的行为习惯。若连续四周不扣分，则可获得一张“报喜单”。

班主任每两周根据评价表总结一次全班学生的思想行为表现，把每个学生的优点写在一张卡片上发给家长，卡片可在母亲节换一支康乃馨送给母亲。通过这种方式调动了学生的积极性，增强了学生的自信心。

精益求精、注重细节、追求品质，是工匠精神的精髓。身为教师，我们要少一些急功近利，多一些真抓实干，一步一步前进，一点一点积累，做一个有信仰、有追求的老师，让工匠精神注入我们每一个教育工作者的血脉，用我们的胸怀包容学生稚嫩的成长，用我们的和风细雨润物于无声之中，视工作为修行，视品质如生命，把每一个当下做到极致，做一名让人放心、受人尊敬的“匠人”。

（本文 2017 年发表于国家级刊物《中小学德育》）

第四节　匠心型班级中班主任的角色定位

匠心型班级首先要有匠心型班主任。为适应社会和教育要求，从“教书匠”走向“人师”，从传统走向自主，班主任必须在班级管理中实现角色转变，更好地履行班主任的管理职能。班主任只有从各个方面不断地加强自身的修养，才能有效地实现这种角色转换，真正为建立匠心型班级打好基础。

1. 班主任是班级工作的建议者和指导者

在匠心型班级中，学生个性发展要求学生成为班级活动的主动者，这并不是不要班主任，而是使班主任成为建议的积极提倡者。班主任通过提供多样化的建议，引导学生向着自主化方向发展。班主任只要在宏观上把握班级动态、制定班级整体目标以及每次活动的分层目标，至于采取什么方式，如何达成活动目标，应更多地让学生参与，班主任只是扮演指导者的角色。

2. 班主任是班级活动的参与者

匠心型班级管理要求班主任从班级外的控制者走向班级活动中，成为班级活动的参与者。班主任作为班级中的一员，在与学生关系平等、相互作用中实现班级管理的多样性，创建促进学生发展的宽松班级环境。

3. 班主任是学生评价的综合者

随着信息多元化和学生活动的多样化，在要求学生全面而富有个性发展的时代，班主任已不可能完全了解学生的情况，而只由班主任来评价学生已不符合客观实际。因此，班主任应成为各种评价的组织者和评价结果的协商者。对学生的评价，应该包括学生的自评、学生之间的互评、家长的评价，甚至所在社区的评价；班主任的评价是通过对各种评价的综合，达成对学生恰当的评价，既使学生乐于接受，也能帮助学生正确认识自我，更能激励他们进一步发挥主体能动作用。

4. 班主任是学生成长的导师

学生成为班级管理的主体，并不意味着班主任就是班级生活中的配角，民主管理中班主任引导要到位，万万不能缺位。班主任要引导学生学会正确认识自己，要引导学生形成良好的行为习惯，要引导学生形成强大的凝聚力，使班集体真正成为团结向上、充满温暖、充满爱意的集体，成为一个有极强凝聚力的集体。

5. 班主任是学生的心理咨询师

班主任不仅要跟所有教师一样成为学生的良师益友，而且要成为学生成长的引路人。班主任应像心理医生那样和蔼可亲，细致入微地体察学生的内心世界。班主任必须熟悉心理学，会综合运用心理学和心理咨询的方法，帮助学生分析、解决各种问题，注重培养学生的社会适应能力。班主任要引导学生全面发展，真正成长为道德优秀、知识丰富、体魄强健、美感丰富的一流人才。

6. 班主任是整合教育合力的联络员

班主任要协调好学校教育、家庭教育、社会教育这几方力量，使学生健康成长、全面发展。班主任要做好与学生家长的沟通，同时把学校的想法做法传达给家长，让家长配合学校的教育教学工作。班主任还要引导学生通过各种途径（如社区、广播、电视、报刊等资源）了解社会大课堂，甚至亲身到各行各业建设者的身边感受时代的脉搏，力求使学生置身于真实的社会环境，亲身体验，在体验中提升对自身的认识，增强社会适应能力。

7. 班主任是人际关系的协调者

要实现班级自主化管理，协调是一个再重要不过的手段。学生和班级各方面的矛盾都需要班主任去协调。凡是协调好的时候，工作就轻松。班主任工作是育人的工作，也是一个注重人际协调能力的工作，应引起班主任的重视。

第三章

“匠心式”班会设计

听过的我会忘记，做过的我就理解了！

——题记

什么样的教育对孩子最能起作用?

“茶艺凌云舞，潮汕情意浓。”在潮汕地区，工夫茶几乎是家家户户的日常必备。精美小巧的茶杯一摆，小孩子总爱抓着玩一玩，大人们总是很紧张，不断强调“别烫到别烫到”，然而，小孩们总是嗤之以鼻。那么，什么时候，孩子才会知道不能碰热茶杯?是的，只有在烫到之后，孩子们才会知道：烫，不能碰。所以，什么样的教育对孩子最能起作用?一定是孩子们亲身经历过的，能走进孩子心里，引发孩子共鸣的。

蒙台梭利说：“听过的我会忘记，说过的我会记得，做过的我就理解了！”班级活动能让学生通过亲身实践和体验，获得大量的直接经验，培养良好品德，发展个性特长，丰富兴趣爱好，锻炼意志品质，形成世界观和人生观，不断完善个性、健全人格。班级活动课程的构建，有利于推动学生个体的道德成长，有利于班级成员在一个又一个的活动中产生联系，在不断调整、磨合中，在共同的任务完成中逐渐形成向心力和凝聚力。

目前，班会课的实践还存在各种各样的问题，例如，以学科课程的学习代替班会课的实施，学生仍然是被动的教育对象，少有自主的活动。班会课缺少专业的指导和师资，缺少学校层面的科学管理，实施的成效不理想，存在课时被挤占的现象。班会课的有效设计与实施，仍是我们努力的方向。

第一节　主题班会设计的问题思考

目前，在大多数小学中，主题班会已日益受到重视，但普遍存在缺乏规划、设计随意、模式僵化、内容繁杂、单向灌输、共鸣缺失等现象，使主题班会的质量不尽如人意，影响了思想道德教育的效果。主要体现在以下几个方面：

一、“包办式”主题班会，学生缺乏必要活动体验

主题班会是实现学生自我教育的重要手段之一，其效果往往取决于学生主体性地位的发挥程度，取决于学生对待主题班会的积极性和参与度。只有那些发生在主体内心、自内向外的主动积极参与才是真正的自我教育活动。在现实的主题班会中，有的教师往往大包大揽——班会的主题由教师拟定，内容由教师确定，方案由教师设定，过程也由教师掌控。学生缺乏活动体验，成了配角。

二、“杂烩式”主题班会，形式繁杂缺乏实效性

主题班会应从实际出发，根据学生已有的生活经验，结合其年龄、心理特点，确定教育的主题、设立主题班会目标和制订实施计划。但现实中有些班主任一味追求形式的多种多样，如小品表演、诗歌朗诵、歌舞表演、游戏等内容，看起来热热闹闹，但实际多数环节与主题相关度不大，流于形式，有名无实。班主任不仅对主题班会定位、作用缺乏正确和清晰的认识，而且设计时缺少主题意识和目标意识，欠缺系统、全面的思考。

三、“预设性”主题班会，缺乏动态生成资源

有的教师忽视学生道德成长的自主建构过程，班会的设计有过多的刚性约束，缺乏弹性空间。主题班会的构思、设计、实施，都被教师严格控制，

甚至连班会课上学生要说些什么话、先说什么后说什么、有几个环节、每个环节多少时间、每个问题由哪几个学生回答等等，都是由班主任精心预设的。这种“预设式”的主题班会，反映出一种僵化封闭的“灌输式”德育观。

四、“精英式”主题班会，学生参与度不高

主题班会是班级全员参与的集体性教育活动，通过集体活动来教育个体是其显著特点。但是有的教师让班会仅成为个别能编会演、能说会唱、能歌善舞的“精英分子”展示自己才能的舞台，大多数学生则被边缘化，成为主题班会的观众。这种班会忽视了学生的参与性，因而失去了学生通过亲身体验人际交往中的道德行为规范而受到教育的应有功效。

同时，由于班队活动是一门“三无”（无教材、无大纲、无体系）课程，班队主题活动设计有难度且费时，活动粗糙，效果还不是很好。而且，班队主题活动还没有采用完全适合少年儿童特点的动态教育，低年级的班队活动，辅导员包办得多，学生基本只能充当听众；高年级则放得太多，教师指导也不够到位。

出现以上问题，主要是班主任的理念较落后、设计缺乏弹性空间、忽视学生认知发展规律等原因造成的。

第二节 主题班会设计与实施

一、优化主题班会设计策略

主题班会是班主任工作最有效的途径和形式之一，在教育学生和管理班级中发挥着十分重要的作用。主题班会是教育学生和学生自我教育的重要形式，是增强班级凝聚力的有效手段。主题班会是构建良好师生关系的桥梁，是实施素质教育的重要途径。近年来，国内有部分专家和学校开展了小学主

题班会设计和实施等方面的研究。目前，在大多数小学中，主题班会已日益受到重视，但普遍存在缺乏规划、设计随意、模式僵化、内容繁杂、单向灌输、共鸣缺失等现象，不少学校的主题班会设计缺乏严密的序列性、鲜明的针对性、深刻的教育性、充分的自主性和浓厚的趣味性，使主题班会的质量不尽如人意，影响了思想道德建设的效果。

基于现状分析，笔者针对上述问题，重点探索小学主题班会的主题、内容、形式三方面设计和优化，经过试验，总结出以下策略：

（一）主题鲜明，突出时代性与针对性

时代性，即主题班会必须能够把握时代脉搏，与时代息息相关。这样能使学生有一种亲近感、迫切感、现实感，可以培养学生的时代意识。同时，突出主题班会的时代性，可以让学生更好地了解时代的要求，明确自己的成才方向，树立奋斗目标，做一个能够适应社会发展的人。

主题是统领整个活动的灵魂，好似一条红线贯穿于活动的始终，影响着活动内容的确定和活动形式的选择。

1. 主题的选择

主题班会是班集体建设的一项必要活动，它可以讨论思想品德问题，也可以讨论班级工作，还可以让学生谈认识、交流思想、介绍经验，开展表扬与批评。开好主题班会，首先要确立与策划好主题。主题的策划，具有导向性作用，它将确立班会的发展方向，并达到预期的目的。

（1）根据国家方针政策选择主题

大多数班主任都知道，班会要根据上级的工作布置来选择主题。作为班主任，站位要高，因此要认真学习党和国家的方针政策，学习教育部和地方教育行政部门的有关文件，思考工作的重点。关注国家方针政策，才能使设计的班会课具有时代性和前瞻性。

（2）从社会背景中选择主题

我们都生活在社会中，学生也不例外。随着信息的高速传播，学生的社会接触面不断扩大、获取信息的渠道日益增多，学生的思想呈现出复杂性和多样性的特点。这就要求我们的教育要与社会接轨，在选择主题时，紧扣时代脉搏，把握教育发展的趋势，善于从国际国内的最新热点话题或大事件中挖掘主题。

（3）从学生的学情中选择主题

主题班会必须结合学生的实际，主题的确定必须寻找学生中普遍存在的典型的思想问题。具体来说，就是根据学生的年龄阶段、身心特点，以及思想发展的脉络，结合学校、家庭、社会生活实际，针对学生在思想、学习、生活方面出现的问题，广泛选取题材，进行筛选、提炼、设计、组织，及时对学生进行教育。例如针对部分学生成绩突然下降的情况，班主任应该通过多方面的调查，分析原因，然后召开“和时间赛跑”“做学习的小主人”“查找自我小毛病”的主题班会，使学生在交流中明白，只有将苦学和巧学结合起来，才能取得优异的学习成绩。

作为班主任，对于本班学生的精神状态、学习风气、健康状态、舆论、班风和当前存在的主要问题等都要做到心中有数，只有这样，才能摸清学生状况，抓住当前需要解决的主要问题，并能找出解决问题的方法和对策，促使学生的思想朝健康的方向发展。

班主任管理班级不是处于被动应付、解决问题的状态，很多时候，他们都在根据学生的特点和教育的规律，积极规划教育教学工作，提前制定工作目标，做到防患于未然。这些规律之中可能发生的问题就是班会课可选的主题。如针对学生与教师的相处问题，可以召开“学会相处”主题班会；学生对班级缺乏责任感，可以召开“我和我的班级”主题班会。

（4）根据节令、纪念日确定班会主题

在教育教学中，常规性的东西很多，这些必然要做的工作也是班会的重要内容。如植树节可以召开“绿化有我一份”主题班会，安全教育日可以召开“安全与我同行”主题班会。

2. 主题的提炼

（1）凸显“以人为本”的教育理念

主题班会应该是师生之间就共同关心的话题频繁交流、双向互动。学生有自己的喜怒哀乐，有自己的思维方式，一个远离学生思想的话题很难引起他们的关注，只有贴近学生心灵的话题才能令他们产生共鸣。所以，班主任要了解学生在想什么、怎么想，要选择他们共同关心的话题，让每个人都有话可说，有情可触。如针对当前中学生早恋问题，设计"异性交往大家谈"主题；针对学生对统一校服有意见的问题，设计"统一着装与张扬个性"主题。这些主题"从学生中来，到学生中去"，体现了"以人为本、以生为本"的教育理念。

（2）"以小见大"，切入口要小

一次主题班会的时间为45分钟左右，如果选取的主题较大，试图面面俱到，则往往是蜻蜓点水，主题的深化就无从落实。因此，主题的提炼要尽量从小处着眼，从一个侧面或一个点切入，切忌假、大、空。例如，以"环保教育"为主题的班会，切入口是"保护环境，从我做起""让天更蓝、地更绿、水更清""争当环保小卫士""把绿色还给大地""爱护绿化，保护家园"等时，从题目上看就显得比较笼统，难免泛泛而谈。而"珍惜点滴，从我做起""小小塑料袋，环保大问题"这样的切入口就小而实，由一个小问题生发出对环境保护的思考，会收到较好的教育效果。

（3）主题应具有号召力

主题应该是经过高度概括和提炼而产生的"口号或警句"，既能反映活动的实质，又能调动学生参与活动的积极性。如"诚信，从我做起，从现在做起""我宽容，我快乐""挫折，我们勇敢面对""万里长城永不倒"等。对于少年儿童来说，这些富有哲理、具有青春气息的主题，可以令他们激动不已，积极参与，并留下深刻印象。

（二）内容丰富，突出鲜活性与典型性

班会的内容和形式是展现主题的载体。合理地选择班会的内容，是班会成功的关键，好的内容与多样的形式会让学生受益良多。所以当活动主题确定以后，要充分考虑学生的思想基础、活动能力、文化素质和兴趣爱好，在此前提下，活动内容必须从实际出发，紧扣主题，服务主题。

以下是一个主题班会案例：

教师：同学们，今天我来做一个关于"爱有多深"的问卷调查，请同学们选出你们心中真实的答案。

第一题：他很爱她。她瘦瘦的瓜子脸，弯弯的眉毛，皮肤白皙，美丽动人。可是有一天，她不幸遇上了车祸，痊愈后，脸上留下几道大大的丑陋疤痕。你觉得他会一如既往地爱她吗？

A. 他一定会　B. 他一定不会　C. 他可能会

调查结果：选 A 的同学占 20%，选 B 的同学占 30%，选 C 的同学占 50%。

第二题：她很爱他。他是商界的精英，儒雅沉稳，敢打敢拼。忽然有一天，他破产了。你觉得她还会像以前一样爱他吗？

A. 她一定会　B. 她一定不会　C. 她可能会

调查结果：选 A 的同学占 36%，选 B 的同学占 22%，选 C 的同学占 42%。

感悟分享：一个男生说，爱情是有条件的，男人都喜欢漂亮的女人，女人都喜欢成功的男人。

教师：如果我们把关系转换一下，第一题中的他是她的父亲，第二题中的她是他的母亲，请你们把两道题重新做一遍。你还会坚持原来的选择吗？

第三题：他是她的父亲，他很爱她。她瘦瘦的瓜子脸，弯弯的眉毛，皮肤白皙，美丽动人。可是有一天，她不幸遇上了车祸，痊愈后，脸上留下几道大大的丑陋疤痕。你觉得他会一如既往地爱她吗？

A. 他一定会　B. 他一定不会　C. 他可能会

第四题：她是他的妈妈，她很爱他。他是商界的精英，儒雅沉稳，敢打敢拼。忽然有一天，他破产了。你觉得她还会像以前一样爱他吗？

A. 她一定会　B. 她一定不会　C. 她可能会

对于这两个题目，几乎所有同学都毫不犹豫地选了 A。相同的题目，只是关系改变了一下，同学们就选出了完全不同的答案。

感悟分享：亲情是无条件的，不因为你的容貌、地位、财富的改变而改变。

这个活动原本是网上的一个故事，但简单地给学生讲故事带来的触动非常有限，甚至有些学生会感觉无聊。但是当这一故事变成体验式活动时，学生的兴趣度、参与性都大为提高，他们不仅积极参与，而且能够认真思考并慎重地做出选择，极大地提升了教育的实效，这就是把故事转化为体验式活动的可能性和价值所在。

1. 活动内容要有针对性及教育性

首先是针对性，在内容的选择方面，我们坚持“近小实”的原则。所谓近，就是贴近，我们努力使活动的内容贴近学生的年龄特点，贴近班级的教育实际。所谓小，就是我们重视发掘学生身边的小事、网络上符合学生兴趣和需求的小素材，并加以利用，使之成为班会活动的内容，一张小照片、一段小故事、一个小案例，甚至是课堂上动态生成的一句话，都可以成为班会开展教育活动的好内容。所谓实，就是真实，班会的内容，只有真实，才有感染力，才能触动学生的情感，引发他们的情感共鸣和深刻思考。我们应努力从现实生活中选取材料，尽量贴近学生生活，以提高班会内容的感染力。

2. 活动内容要有鲜活性及创新性

主题班会活动内容要鲜活，就要在变中求，要关注新时期出现的新事物以及学生关注的热点问题，这样才能富有时代精神。我们努力使班会活动的内容既丰富又新颖，既直观形象又生动活泼，既符合学生年龄特点又富有时代气息，以引发学生的情感共鸣，激发学生的道德动机，从而实现道德移情。

3. 活动内容应关注问题

“真正的教育是看不到教育痕迹的教育，一切都在不经意中发生、发展，这才是好的教育。”如何提高主题班会的实效性，如何让主题班会做到润物无声，主要要关注以下几点：

（1）巧设“道德两难”问题，关注价值观的引领澄清；

（2）合理预设，给学生留白；

（3）注重生成，引发道德震撼；

（4）活用真实生活素材，实现情感共鸣。

（三）形式多样，关注参与性与简约性

班会的主题确立好之后，第二步就是选择形式和实施。主题班会的形式应该由内容来决定，不能一味去追求形式上的新颖、有趣，否则就会违背主题班会预定的目的，失去教育意义。所以主题班会的形式要选择那些最为理想的活动形式，使学生积极参与，以达到最佳的教育效果。

（四）目标明确，突出适切性与规律性

目标的适切性主要体现在目标的定位要考虑学生的年段特点，考虑学生的心理特征和年龄特点，同时，要遵循品德自主构建的规律。然而，在实际操作中，我们经常能看到这样的问题：

1. 教育目标过于高远，过于全面，过于空洞，学生够不到

比如二年级的班会“过一个有意义的儿童节”，一开始，班主任把班会目标设定为：

（1）通过了解儿童节的来历，知道儿童节是全世界爱好和平的人们希望儿童健康成长并拥有受教育的权利而设立的。

（2）通过师生一起回顾儿童节难忘的瞬间，充分感受儿童节带给孩子们的幸福与快乐。

（3）在与小伙伴分享的过程中，激发学生懂得珍惜，传递爱心，让更多的孩子也享受到儿童节的幸福与快乐，过有意义的儿童节。

其中，目标（1）的设定高于二年级孩子的认识水平，目标（3）的设定想让学生知道，通过传递爱心等活动过儿童节，比以往的购物、玩耍等方式更有意义，这样的目标导向过于绝对。

2. 按照学科课程的三维目标，把主题班会当成“课”去定位教育目标

教育目标的设定形成了三段论，表述为“让学生知道（了解，懂得）……”“养成……的情感”“使学生做到……”但事实上，一次班会不能解决所有问题（即使是一节学科课，也不能解决所有问题），更重要的是这种表述混淆了主题班会和学科课程的区别。主题班会作为道德教育的重要途径，更加强调学生的主体参与和参与中的情感体验，它属于广义的课程范畴。到了小学高年级和中学，学生完全可以自己组织、设计、实施主题班会。

在目标的定位方面，我们摒弃了传统主题班会目标“高大空”的现象，根据年段的教育要求和班级学生的实际情况，从认知、情感、行为三个维度，确立了明确、具体、适度的主题班会。

（五）流程完整，关注层次性与完整性

班会的设计，力求做到有层次、有坡度，结构紧凑、衔接自然。遵循品德生成的规律，从感知，到明理，到激情，到导行，由浅入深，循序渐进，力求通过这样的设计，实现道德从外塑到内化，从内化到内生，从内生到外化，最后形成良好的道德行为，有效地促进学生品德的“内化外生”。

（六）活动的组织，突出生成性和实效性

基于小学生年龄较小、能力有限的实际情况，班会的主持由班主任承担。在活动的过程中，突出学生的主体地位，重视营造一个民主、宽松的氛围，让孩子说真话、吐真情。然后，在互动的过程中充分发挥教师的主导作用，及时捕捉课堂中出现的生成性教育资源，进行必要的价值澄清和价值引领，实现外在价值引领与学生价值自我建构的统一，省时高效地促进学生品德的自我建构，从而提高活动的实效性。

本文2023年发表于省级刊物《广东省中小学德育》

二、序列化设计主题班会内容

主题的确立要具有序列性，要体现出由浅入深、层次递进的规律。因此，在设计主题班会时，班主任应针对不同年龄段的学生的心理特点和每个年级的德育目标，将教育目的与学生实际发展水平结合起来，形成序列，交叉进行，并有所侧重。小学主题班会序列化内容如表3.1所示。

表3.1　小学主题班会序列化内容

年级	班会序列内容	目的	参考题目
低年级（1—2）	1. 适应性教育	帮助学生适应学校环境，了解学校生活和集体生活的基本规则。引导学生体验集体生活的愉快，并能与新同学、新老师交往	《我是小学生啦》
	2. 集体荣誉感教育	指导学生认识国旗、国徽、祖国版图，知道自己是中国人。认识队旗、队徽，知道校风、校训等。帮助学生懂得爱班级是爱国的最基本表现	《我爱我班》《我是少先队员啦》
	3. 习惯养成教育	对学生进行珍惜粮食的教育，让学生理解粮食来之不易，认识到爱惜粮食的意义	《珍惜粮食　从我做起》

续表

年级	班会序列内容	目的	参考题目
低年级（1—2）	4. 文明礼仪教育	培养学生养成认真学习、按时作息、礼貌待人等生活中必需的良好习惯	《文明礼仪之花处处开》
	5. 安全知识教育	逐步引导学生掌握一些安全知识和自保方法	《课间十分钟》《我是安全小卫兵》
中年级（3—4）	1. 感恩教育	让学生了解父母，体验父母的无私和伟大，学会如何去理解父母、尊敬父母，从现在开始，以实际行动来回报父母，激发学生从小有爱心，培养心中有他人的情感	《心怀感恩　与爱同行》《体贴父母　我能行》《感恩父母　与爱同行》
	2. 诚信教育	培养学生做诚实守信的好孩子，不说谎，不私自拿别人的东西，说到一定做到	《恪守诚信，从我做起》
	3. 价值观引领教育	帮助学生认识梦想的重要性，进行价值观引领	《中国梦，我的梦》
	4. 学习方法教育	做时间的小主人，养成专心听讲、积极交流、按时完成作业、合理安排时间等良好的学习习惯	《做时间的小主人》
	5. 心理健康教育	使学生学会自我调节和控制情绪，珍惜生命，感受成长的快乐	《认识自我》《自我体验》
高年级（5—6）	1. 爱国教育	引导学生了解祖国的悠久历史和灿烂文化，激发学生民族自豪感，培养学生热爱祖国的情感	《五十六个民族是一家》《万里长城永不倒》
	2. 网络安全教育	引导学生文明上网，能自我控制上网时间，逐步学会抵制网络的负面影响	《文明上网　从我做起》
	3. 生命教育	学会自护自爱，珍惜生命，快乐成长	《珍惜生命》《小小雏鹰学自护》
	4. 挫折教育	使学生明白坎坷和挫折是伴随我们一生的“旅伴”，学会以微笑去面对前进中的障碍，用智慧战胜困难	《笑对挫折》《挫折是前行的动力》
	5. 青春期教育	帮助学生了解青春期身心变化的基本知识，学会接纳自己和他人	《花开应有时》《最美的男生女生》
	6. 合作教育	通过积极参加一系列比赛活动，养成团队合作及参与意识，懂得与人为善，尊重集体利益	《众人拾柴火焰高》

从上表可以看出：

低年级学生侧重于适应性教育、习惯养成教育、集体荣誉感教育等。

中年级是一个转折时期，这个时期的孩子正处于身体及心理发生变化的时期。这个阶段是孩子情感、意志、品德发展的质变期。随着自我意识的发展，他们的情感开始内化，不再明显外露；他们的内心感受也在不断丰富，个体差异越来越明显。研究发现，中年级可侧重于培养学生积极的自我意识、助人自助和传统文化教育。

高年级的学生抽象思维与辩证思维逐步发展，凡事有了自己独立的观点和看法，但由于不成熟，容易出现自私自利、孤僻、叛逆等特点。针对学生的心理特征，我们侧重于对学生进行爱国教育、生命教育、网络安全教育、挫折教育、青春期教育。

增强活动的序列性，还应该根据学段德育要求及德育重点，结合品德课教学、节令、纪念日等，确定整个学期必须开展的专题。

三、主题班会实施过程与途径

（一）实施的基本过程

主题班会从酝酿主题到完成实施，需要经历哪些过程？这也是主题班会设计实施中需要重点关注的具体问题。了解了每个阶段的主要内容，班主任才会明晰自己在班会准备阶段、组织实施阶段要完成的具体任务。主题班会的设计和实施过程可以划分为以下三个阶段：

1. 主题酝酿阶段

主题酝酿阶段是根据学生的心理特点和班会的目标、任务来选择和不断调整主题，最后根据实际情况确立主题。在这个过程中，要根据学生的心理特点和班级中存在的具体教育问题选择适宜的班会主题。主题班会要突出学生的主体性，因此主题班会的设计、召开要充分发挥每个学生的主观能动性和创造性，要让所有学生在班会运作、召开过程中都有责可负、有事可做，才能达到其应有目的。

2. 方案的设计阶段

主题班会方案的设计，是对整个班会进行统筹规划的阶段，要考虑以下几个因素：

一是要合理安排时间。因为主题班会只有45分钟时间，所以它的每一个环节、每一个过程都需要进行准确的时间规划，这样才能使主题班会如期完成每一个阶段性的目标。

二是要考虑角色分工。在主题班会中，班主任和学生要扮演不同的角色，明确各自的任务，提前进行准备和计划；要定位好教师与学生的角色，激发学生的主人翁意识，突显学生的主体性。

三是准备媒体介质。在全媒体时代，主题班会要经常使用多媒体手段，所以，还要准备好多媒体设备，借助多媒体，生动地呈现素材，使内容更加丰富，形式更加简约。

四是要挖掘各方力量。主题班会是学校德育的主阵地，是德育的“戏台”，在这个“戏台”上，学生、家长、老师，甚至是来自各方面的人员，都可以充当不同的角色。因此，召开主题班会，要充分挖掘各方面的资源，丰富上课资源。同时，还要注意协调各方面的力量，使之真正发挥作用，形成强大合力。

3. 组织与实施阶段

（1）主题的导入

主题班会实施可分为几个环节。第一个环节是主题导入，主题导入是否生动、是否能引发学生的兴趣，是影响学生对主题班会兴趣与参与热情的重要因素。若导入形式新颖、导入的活动具有趣味性，能引发学生的情感共鸣和思考，就会给接下来的主题活动打下良好基础。相反，如果班会导入形式僵化、呆板，具有强烈的表演色彩和说教意味，那么，很容易让学生对主题班会产生抵触情绪或排斥心理。因此，主题班会的导入形式宜生动且具有启发性。

（2）主题的展开和深化

主题的展开与深化阶段是主题导入以后，通过有效的活动，让学生深刻体会主题教育的内容，获得关于主题的态度、体验和经验的过程。在主题班会的这个环节，班主任要根据主题、筛选到的素材、学生的年段特点和心理特点，选择适宜的活动形式，以活动体验为主，创设体验的空间，丰富学生的感受，或者通过同学们充分的讨论和不同的经验分享深化学生的感受，提高认识。

（3）主题总结和提升阶段

主题班会实施的最后一个阶段是总结提升，在班会的结尾由班主任和同学共同总结班会的体悟，进行主题的深化和提升。在主题班会的实施过程中，有些班主任会忽略这个重要的环节。班主任要设计好总结发言，实现主题深化和提升。

（4）主题延伸阶段

一节主题班会上完了，是不是就结束了？答案是否定的。那么，它的延伸性体现在哪里？延伸性就体现在课后的拓展运用中，每一次主题班会总结提升后，我们都设计一项课外延伸活动，如针对"诚信伴我行"主题设计的"实施一个月后评选诚信之星"；针对"向校园欺凌说'不'"主题设计的"充当文明小使者"。有延伸和反馈，才能更加强化主题班会的实效性。

（二）实施形式多样化

主题班会的实施有很多方式，可以在校外进行，比如参观、访问，事先要给学生布置问题，回来后讨论。大多数的主题班会在校内、课堂内进行，方式有主题讲座、竞赛、辩论、表演等，也可以是综合式的，具体要看主题和内容。以情感体验为主要教育目标的主题班会适合选择一些表演活动；以解决某一认识问题为主要教育目标的主题班会适合采用辩论、讨论等方式。无论选择何种方式，都需要全体学生参与，达到触动学生心灵的效果。

此外，主题班会之后，需要对学生的动态行为进行追踪和反思，了解班会达到的效果，反思设计和实施中的成败，以便设计好下一次主题班会。

四、主题班会实施的优化策略

（一）一次主题班会的思考

近来听了一节以"中国梦，我的梦"为主题的小学六年级主题班会课，课的设计着实有不少值得学习和借鉴的亮点，比如突出趣味性，形式丰富多样，给予学生展示才艺的机会；借用名人名事、身边人身边事为学生树立榜样，调动学生的积极性，突出学生的主体地位；利用多媒体整合现代教育资源，使课的设计与时俱进；等等。但深思之下，仍有些许片段存在值得探讨的问题，特提出以供商榷。

1. 学生缺乏必要的活动体验

一开始，教师用歌曲《水手》引入，营造寻梦的气氛，在学生的跟唱中拉开班会的序幕。接着，点明主题后又播放教师制作的视频，以动漫的形式展现中国近些年来取得的成就和已实现的梦想。然后又播放了中国未来可能实现的梦想，视频持续 15 分钟。在这个过程中，部分学生开始走神，目光游离，甚至有的打起了呵欠。

分析：很明显，本次班会以歌曲《水手》引入，由于所用的资源不为现在的学生所熟悉，因此并不能引起学生多大的兴趣。同时，寻梦部分从资料的搜集到课件的制作，都是由班主任一手包办的，学生只负责观看。由于学生并没有真正参与其中，缺乏必要的活动体验，因此视频内容无法引起学生的情感共鸣，流于形式，学生兴趣不高，无法专注其中也就理所当然了。

2. 未能及时捕捉动态生成资源

立梦环节，学生自由畅谈梦想，情况如下：

学生 1：我想当医生，救死扶伤，为人类造福。

学生 2：我想当服装设计师，为人们设计许多美丽的衣裳。

学生 3：我想当老板，赚很多的钱。

学生 4：我想到咱学校旁边卖包子，当小老板。

听到这个，同学们哄堂大笑，教师先是一愣，接着也跟着在一边微笑。

当学生被问遇到困难该怎样对待时，很多学生都谈及要坚持，而主持人也对学生的坚持做了些鼓励。

分析：

当学生谈论梦想时，我期待班主任对学生的发言进行点评；当有学生提出想到学校旁边卖包子，全班哄笑时，我又期待班主任能及时抓住这个动态生成的资源。这是多好的机会呀，若把握得好，趁机对学生进行价值观的引领，就能推起这节课的一个高潮；若能进行深层次的挖掘，就会成为本节课的亮点。但是，很遗憾，整个环节，自始至终，都只是学生在叙述自己的梦想，白白错失了教育的良机。

3. 对教师角色缺乏正确的定位

整节班会课，为了突出学生的主体作用，班主任放手让学生主持，只在学生谈及梦想时，才现身也谈自己的梦想，除此之外，班主任都如局外人般坐于一旁观看学生的“表演”。

分析：很明显，班主任对自身的定位把握得不好，把与学生的关系分裂开来，突出学生的主体地位，却忽略了班主任的主导作用，导致整个班会的深度挖掘不够，师生之间的互动也无法体现，缺乏班主任的引领，没有起伏和节奏变化，不能引发学生产生深刻的思考。

（二）优化组织与实施策略

1. 注重活动体验，突出学生的主体性

现实中存在着许多与案例类似的现象，很多教师缺乏发挥学生主动性的觉悟，忽视开发和利用学生资源，对主题班会的开展“大包大揽”：班会的主题由教师拟定，内容由教师确定，方案由教师设定，材料收集也由教师全权负责……而学生，只负责表演，听从老师指挥演戏，主体性地位被剥夺，只能成为配角。事实上，主题班会是实现学生自我教育的重要手段之一，其效果往往取决于学生主体性地位的发挥程度，取决于学生对待主题班会的积极性和参与度。

因此，作为班主任，应该充分利用学生资源，充分发挥学生的主体作用，让学生成为活动的主体。从活动的准备阶段开始，便可以让学生参与其中，放手让学生分小组自主搜集资料，整理资料，在班主任的指导下选择适当的展示内容。让学生在活动中强化主人翁意识，加深体验。只有那种发自主体内心、自内向外的主动积极的参与才是真正的自我教育活动，才能让学生主动参与到主题班会的全过程中，才能有效促进学生道德构建。

2. 合理预设，及时捕捉和挖掘动态生成资源

案例中，教师不能及时把握学生动态生成的资源，无法对存在问题进行

深层次的挖掘，导致白白错失教育的良机，而这种现象在小学班会课中是普遍存在的，因此特提出几点建议：

（1）合理预设

“凡事预则立，不预则废”，我们要摒弃传统的精心预设，但并非对预设一味简单排斥。事实上，只有成功的预设才可能形成可持续的有效生成，因为预设可以帮助授课教师了解班级基本情况及班级特色，了解学生对班会主题的想法，让学生对班会内容形成初步的认知，这对班会课取得良好效果具有重要的积极作用。因此，班主任应注意，一方面，设计时应“事无巨细”精心预计，形成弹性化的方案；另一方面，注意留白的艺术，着眼于宏观设计，重视过程的开放，强调师生、生生的互动影响，使设计体现出较大的包容度和自由度，给学生活动留下最大的空间。

（2）注重生成

合理的预设，是为精彩的生成打基础。作为对传统预设的扬弃，生成体现了主题班会立体的、动态的创生过程。

因此，教师要找准学生的“最近发展区”，从学生已有的经验出发，创设道德情境问题，挖掘素材的积极因素，引起学生认知上的冲突。充分利用学生已有的生活经验，激励其主动探索、建构，让学生在自己主动的理性分析、推理基础之上，最终实现认识上的发展和飞跃，形成新的道德体验和认知。

但要注意，在做好预设工作的同时，还应该注意学生主体性作用的发挥，以学生的反应和体验为主，注意观察、搜集学生的各种反馈信息，对于活动中的矛盾和偶发事件要及时妥善处理。

（3）深层挖掘

在交流互动、动态生成的主题班会中，来自学生的信息往往是孤立的、片面的、散碎的。因此，班主任在主题班会进行过程中要认真听、记、思，对学生生成的信息及时归纳、整合，发现其中的闪光点，巧引导、巧点拨，将学生的交流、讨论和思考不断引向深入。

3. 活化教师角色，突出主导地位

在主题班会活动中，很多班主任都能以学生为主，突出学生主导地位，让学生作为活动的主人，但却忽视了自己的主导作用，放弃了自己应有的教育职责。

因此，作为主题班会活动的组织者、指导者、参与者，教师应摆正自己的位置，正确把握教师主导和学生主体的关系，既不能做班会的主角也不能成为班会的配角，而是应该成为班会的导演。在主题班会召开前，班主任要指导各阶段的设计、素材等教育载体的审核；召开过程中要根据需要活化自己的角色，或以长者形象对学生观点进行点评，进行价值观的引领，或以学生感兴趣的角色参与学生的讨论，对问题进行更深层次的挖掘等；在主题班会结束时总结升华，把班会的教育目标进行强调和深化，这样才能起到画龙点睛的作用。

4. 准确定位，体现主题的教育性

主题班会作为学校教育的重要形式，是提升学生道德认知水平、提高学生道德判断能力、培养学生道德品质的重要途径。因此，教育性是评价主题班会成功与否的根本标准，是主题班会的最终价值依归。

班会的主题应体现出教育性，这是主题班会的灵魂所在。"中国梦，我的梦"这次主题班会，主旨应是对学生的梦想进行有效的价值引领，以及当追求梦想遇到困难时该如何面对，但由于班主任对主题定位把握不够准，在班会进行过程中，其教育的内涵从价值引领变成学生的梦想展示与才艺表演。因此，准确定位班会的主题，对于凸显教育性尤为重要，需要班主任对主题及教育价值有清醒的认识。

第三节　精致化微型主题班会创新

班会是学校德育的主阵地，如何利用好这个阵地，使之成为学生品德自我建构的平台，是教育者研究的方向。班会是德育的戏台，同一台戏，有不同的声腔流派，班会同样也有不同的表现形式。笔者尝试在传统主题班会的基础上，进行综合及创新，设计和实施精致化微班会，并形成序列化。

《国家中长期教育改革和发展规划纲要（2010—2020年）》明确提出：“构建大中小学有效衔接的德育体系，创新德育形式，丰富德育内容，不断提高德育工作的吸引力和感染力，增强德育工作的针对性和实效性。”这充分体现了德育工作在教育中的重要性。班会是学校德育的主阵地，对学生有育德、激励、导向的作用。在“匠心型”班级管理中，怎样去构建班级的精神文化？我们把着力点放在了主题班会的优化设计与实施上。

一、精致化微班会的内涵解读

（一）“精致化”的内涵分析

“精致化”一词主要体现在三个方面：一是精细周密，二是精美工巧，三是美好。精致化是追求卓越、提升品质的“精致文化”，即融会科学性与人本性的优势，形成以文化为特征的班会课理念与模式。精致化是注重结果、过程和细节的追求，是优质教育的必要保证。以精致化思想为指导，围绕学生的发展精心设计、精心安排、精心组织微型活动课，是促进师生共同成长的途径。

（二）微班会的特点分析

微班会是快节奏微时代来临和新媒体技术发展的产物，也是新时期更易被学生接受，更能让班主任减负但却充满无限创作生机的新载体。微班会具有以下两个特点：

1. 设计立足原课题研究基础，具有班会课的共性

微班会的设计，遵循德育生长的规律，立足于原课题（2015年广东省重点优秀课题）研究的“六大策略”，即主题体现时代性与教育性、目标体现适切性与规律性、内容体现针对性和鲜活性、形式突出参与性和简约性、流程突出层次性和合理性、活动突出生成性和实效性。微班会拥有主题班会的所有共性。

2. 理念与实施途径创新尝试，具有本身的特点

（1）特点鲜明。微班会如一支轻骑兵，短平快准，具有用时少、主题鲜

明、内容新颖、设计精巧、案例精微等特点。它是新时期更易被学生接受、更能让班主任减负但却充满无限创作生机（新兴资源的开发、整合、加工与再利用）的新载体。

（2）操作简便。微班会的素材讲究近、实、小，一张小照片、一段对话、一个镜头、一个视频……都可以成为素材。在实践中，通过围绕主题让学生进行调查，或让学生分组查找材料，或直接选用网上收集到的视频、新闻等，在班里面进行讨论。班会可由学生主持，班主任适时参与点拨；也可由班主任主持，引导学生深挖材料内涵，捕捉课堂动态生成资源，生成亮点或进行价值引领。

二、精致化微班会的实践尝试

（一）活动体验式——“小活动”引领学生价值取向

教育家蒙台梭利说：“听过的会忘记，看过的会记得，做过的就理解了。”在班会课中，我喜欢用一系列小活动，让学生通过自身的体验，在活动中体验道德，在体验中产生品德，从而达到德育“内生外化”的效果。

例如，有一次，接到一个传说中的六年级差班，很多学生自暴自弃，自我评价过低，于是，我开展了一次主题为“做有价值的人”的班会。

破旧的人民币与崭新的素描纸

活动年级：六年级

活动目标：通过活动让学生对自身价值做重新的定位和认识，激发学生不断增加自我价值的情感

活动准备：几张人民币，几张A4纸或素描纸

活动流程：

（1）先出示一张崭新的100元纸币，模拟给学生（会发现学生都要），再拿出一张破破烂烂但还完整的100元纸币，模拟给学生（会发现学生都要）。

（2）拿出一张素描纸问：“给你们要吗？”（会发现部分学生要）。把素描纸揉成一团，打开，已经皱了，问“现在还要吗”？（会发现个别学生要）。再拿出一张破破烂烂的素描纸问：“还要吗？”（会发现学生们都不要）。

（3）等学生笑够了，我问：“为什么同样的做法，你们想要100元而不要素描纸呢？”

生1：因为100元皱了，它还是100元（其他同学立刻附和）。

生2：素描纸脏了，它就贬值了。

生3：100元虽然脏了，但它的价值不会降低。

师：通过刚才的小游戏，同学们，你们有什么想法？

学生在小组里热烈地讨论，并发表了看法。

生1：我要向人民币学习，做有价值的人。

生2：破了的素描纸被弃，是因为本身的价值不够高。

生3：只有不断地给自身增值，才不会被社会淘汰。

生4：只要本身价值够高，就不会因为一时的挫折而贬值。

……

学生的精彩发言是我始料未及的，我不禁鼓起了掌，动情地说：“同学们讲得棒极了，这正是今天老师想送给大家的礼物，它远比人民币珍贵多了。确实，只有不断地给自身增值，才不会被残酷的现实所淘汰；只要本身价值够高，才不会因为别人的打击或一时的挫折而气馁。是金子总会发光的，你们有信心争做一个有价值的人吗？”“有。”学生群情激昂。这次班会课激发了学生的热情，鼓舞了他们的斗志，接下来班级各方面的工作开展都得到了学生的支持。

人生的智慧是在一次次经历、一次次摔倒中积累的。对于学生来讲，弥补这些经历最好的方式便是有意义的活动。学生快乐地参与活动，在参与中思考、体验，发自内心地产生感悟，进而促进良好行为的形成。多年以后，一位考上清华大学的学生回学校看望我时，仍提到这个小活动，他说：“老师，那次活动，让我明白了该努力追求自己的价值。”我有些震撼，活动的效果或许有它的滞后性，但它给学生带来的感悟，可能改变学生的价值观。

（二）故事点拨式——“小故事”适时点拨学生行为

许多事实证明，对学生进行长篇大论的说理教育，都收效甚微。美国故事家吉姆·科因认为，听故事能够打开那些直接教育无法触及的区域，无论是成人还是儿童，都可以从故事中得到启发。一则发人深省的故事，远胜过重复累赘的千百次说教，因为其具有形象性、生动性、直观性、娱乐性，极易引起学生内心的情感共鸣。

六年级刚分班，学生们彼此之间不熟悉，戒备心较强，难在短时间内形成班级凝聚力，于是，我给大家带来了一则故事——《小孩的心》。

有一位单身女子刚搬了家，她发现隔壁住了一户穷人——一个寡妇与两个小孩子。有天晚上，那一带忽然停了电，那位女子只好自己点起了蜡烛。

没一会儿，忽然听到有人敲门，原来是隔壁邻居的小孩子，只见他紧张地问：“阿姨，请问你家有蜡烛吗？”

女子心想：“他们家竟穷到连蜡烛都没有吗？千万别借他们，免得被他们依赖了！”于是，对孩子吼了一声说：“没有！”

正当她准备关上门时，那穷小孩笑着说：“我就知道你家一定没有！”说完，竟从怀里拿出两根蜡烛，“妈妈和我怕你一个人住又没有蜡烛，所以我带两根来送你。”

女子感动得热泪盈眶，将那小孩紧紧地抱在怀里。

说到这里，我微笑地看着全班同学，班长立刻反应过来：“谢老师，我懂你的意思了，你是要我们好好相处对吗？”此言一出，全班同学领悟了过来。我趁机说：“是啊，撇开彼此的隔阂，不再互相猜忌，我们都是一家人，给彼此一些信任、宽容与爱心，我相信，会越来越好的。”孩子们看着彼此，不好意思地笑了。看到这些，我也满意地笑了。还是故事点拨的方法好呀，一则则动人心魄的故事就是一首首让人回味无穷的教育诗。

《一碗牛肉面》《小男孩和苹果树》《背影》……类似这样的小故事带给学生的启示，远比老师空洞的说教、严厉的批评来得实际。

（三）观看激情式——“小视频”引发学生情感反应

生动、鲜活的画面更能刺激学生的感官，引起学生的情感反应。在班会课中，我注重对视频的使用，电视节目、网络上热传的视频，只要有教育意义，我都会积极使用，让学生观看，写出自己的感悟。

比如，在需要激发学生斗志、树立信心时，我播放了《感动中国》中的失去双手，用双脚弹出动听乐曲的刘伟在弹奏钢琴的视频；在引领学生领悟合作重要性时，我播放了由十几个聋哑人合作表演的《千手观音》的视频，学生受到了极大的震撼。

记忆最深的一次是观看了汶川地震的视频，一幕幕惨剧，学生看得认真，甚至还流下了眼泪。过后，我让学生写随笔——假如离世界末日只有一个星期。有的同学说，要跟父母好好沟通，不会再因为打游戏而与父母争吵；有的说陪在父母的身边，多尽尽孝心；有的说要与好朋友冰释前嫌；有的说要去云南旅游，见一见美丽的玉龙雪山……文字中尽显友爱、亲情，让老师也深受感动。

直面生命的残酷，却收到了意想不到的效果，这是我始料未及的。

（四）借题发挥式——"小问题"大探讨引导明事理

借题发挥式的微班会，以"突发问题"为教育契机，针对学生存在的问题设计讨论或活动，让学生进行体验。例如针对班里学生亲子关系紧张引发的冲突开展的"猜猜我有多爱你"，针对学生之间的小摩擦开展的"当我生气时"，针对学生乱起花名开展的"防欺凌，学自护"等。借题发挥式的微班会，把问题还给学生，把问题解决的主动权也还给学生，让学生变成问题的解决者。

（五）辨析导行式——"小情景"进行价值澄清

辨析导行式的微班会，一般根据社会的一些热点、难点问题，或是班里存在的现实问题，以"小情景"的形式展示，或用小品表演、或用镜头拍摄、或直接选用某些新闻报道、或采用情景再现，或采用辨析题的形式，让学生结合具体情景进行讨论。

1. 针对热点难点问题进行情景辨析

例如，针对"老人摔倒，热心人士帮扶，结果反被讹诈"的新闻报道，在班里开展"老人摔倒该不该扶"问题讨论，学生在辩论当中，渐渐明晰：要帮要扶，但也要自我保护，例如可以找下人证；学生在讨论该不该见义勇为时，也得出结论：作为小学生，不建议直接面对困难，而建议采用求助的方式对他人进行帮助。

2. 针对班里存在的问题进行情景辨析

针对班里学生不会合作、责任心缺失、考试作弊等现象，让学生进行情景辨析，具体如下：

情境：小林和小王共同出钱购买了一些材料，准备共同完成一项作品，参加学校小发明小创造比赛，材料买好后，小王生病了，没办法一起制作作品，小林一个人完成了全部工作，作品要交上去了，小林心里很矛盾，他不知道应不应该在作者一栏也写上小王的名字。(机动)

师：大家认为小林应该在作者一栏写上小王的名字吗？

经过学生的讨论，让学生就某一认识不清的问题，发生于社会、学校中的事件展开讨论，达到明辨是非的目的。

三、精致化微班会的序列化

在研究过程中，我们注重微班会的序列化设计。主题的确立力求具有序列性，体现由浅入深、层层递进的规律。我们针对不同年龄段的学生的心理特点和每个年级的德育目标，将教育目的与学生实际发展水平结合起来，形成系列，交叉进行，并有所侧重。

1. 不同年段侧重不同教育主题

不同年段设立不同的教育主题，交叉进行，并有所侧重，形成序列。

低年段（1、2 年级）侧重于适应性教育、习惯养成教育、集体荣誉感教育等。

中年段（3、4 年级）侧重于培养学生积极的自我意识，培养学生助人自助并进行传统文化教育。

高年段（5、6 年级）侧重于对学生进行爱国教育、生命教育、网络安全教育、挫折教育、青春期教育等。

2. 不同年段同一主题细化研究

除了根据学生的不同年段确立不同的教育主题，我们还尝试针对某个相同主题根据学生的不同年龄特点、心理特点，进行主题的细化，如表 3.2 所示。

表 3.2 教育主题细化表

	低年段	中年段	高年段
友善主题	好孩子，会谦让	为你我点赞	众人拾柴火焰高、微笑
情绪调适	认识情绪	当我生气时	给“愤怒”安上一个阀门
生命教育	向校园欺凌说不	防欺凌，学自护	珍惜生命，远离毒品
习惯培养	我们升旗啦	好习惯，好人生	创设属于自己的微环境、我的发型我做主
性别教育	男生和女生	男生女生对对碰	情人节快乐？情人节，快乐！花开应有时
亲情友情主题	《猜猜我有多爱你》绘本活动	《猜猜我有多爱你》体验活动	一碗牛肉面、当生命只剩下一个星期

教无定法，班会课到底应该怎么上？事实证明，只有我们善于思考、选好主题、备好材料、加强针对性，才能调动学生的积极性。我们只有不断研究，用心琢磨，丰富其内容，创新其形式，才能使主题班会成为学生品德自我建构的平台！

（本文 2021 年发表于国家级刊物《中小学班主任》）

第四节 班会课与思政课整合思考

思想政治理论课是落实立德树人根本任务的关键课程，在大中小学循序渐进、螺旋上升地开设思想政治理论课非常必要。让思政课真正融入学生学习生活，成为学生成长成才的内在需求，就要进一步拓展教育载体，丰富育人手段，创新方式方法。

班主任是全面负责一个班级学生思想、学习等的组织者、领导者和教育者，是落实立德树人根本任务的主体；班会课是班主任对学生进行管理、引导和教育的重要途径。那么，当思政课遇上班会课，这课应该怎么上？笔者尝试将思政教育与主题班会课进行融合，探索思政教育的新途径与新方法。

一、以“八个统一”为指导，优化设计策略

“推动思想政治理论课改革创新，要不断增强思政课的思想性、理论性和亲和力、针对性。”习近平总书记提出“八个统一”的具体要求，为思政课的改革创新指明了方向。把思政课与主题班会课进行融合，同样要以“八个统一”指导课的设计与实施。

（一）以主题班会课为载体，突出思想政治理论教育

主题班会课指根据促进学生健康成长和班级发展的要求，针对班级的实际情况而进行的主题性班集体教育活动，具有教育、情感感染、凝聚、育德、导向、激励作用。将主题班会与思政课融合在一起，既要具备班会的特点，更要注重突出思政课的特征。主题的确立、素材的选择、目标的达成，要突出学生道德情感的激发、道德行为的建构，更要深入贯彻习近平新时代中国特色社会主义思想，努力让学生收获真善美，引导学生扣好人生第一粒扣子，培养家国情怀。

同时，选题要突出时代性，把握时代脉搏，这样能使学生有一种亲近感、迫切感、现实感，可以培养学生时代意识，让学生更好地了解时代的要求，明确自己的成才方向，树立奋斗目标，做一个能够适应社会发展的人。

（二）内容贴近生活，体现多样性和鲜活性

主题班会课在内容的选择方面，要坚持体现多样性和鲜活性。

选择的材料坚持“近小实”的原则。活动的内容尽量贴近学生的年龄特点与班级的教育实际；重视发掘学生身边的小事、小素材并加以利用，如一张小照片、一段小故事、一个小案例，甚至是课堂上动态生成的一句话；讲究真实，尽量从现实生活中撷取材料，尽量贴近学生生活，以提高内容的感染力，引发学生的情感共鸣和深刻思考。

在体现鲜活性方面，我们联系班级孩子的实际，及时把社会中的新信息、科学技术新成果，儿童生活中的新问题和现象等收到课程中去，不断提高道德教育和法治教育结合的教育基底，使教学更加精彩。

在内容的选择上，我们更注重向道法课靠拢。针对小学生年龄特点与

心理特征，选择一些贴近学生生活实际的辨析题，或设置一些有关规则的游戏，让学生讨论、体验、辨析，突出规则意识培养，引导学生辨别是非，澄清迷惑，启迪灵魂，坚定信仰，提高学生的品德修养和法治意识，培养学生的道德责任感和法律责任感。

（三）形式注重实效，体现体验性与参与性

主题班会形式的设计要重视学生的参与性，每个环节力争让每个学生都可以参与活动，或体验、或感悟、或思考、或交流，力求让每个学生在参与的过程中都能得到发展。与此同时，重视突出活动形式的简约性，在活动形式的确定上，力求做到操作方便快捷，形式简约而不简单。抛弃传统班会设计的繁文缛节和僵化窠臼，尽量采用课前省事、课内高效的活动形式，减少课前繁重的准备工作。在提高班会的实效性方面，力求使活动回归常态、回归实效。

主题班会的形式要符合青少年的特点，要不拘一格、丰富多彩，要充分做好准备工作，要充分发挥学生的主体作用，要把班会的思想性、知识性、教育性、趣味性统一起来，融为一体。

二、以“人本理念”为基础，重视学生体验感悟

（一）注重实践，重视学生的活动体验

课程标准明确指出“要以活动为教与学的基本形式”，思政课新教材更多采用调查研究、参观访问、角色扮演等方法，让学生在活动中积极表达、善于思考、努力践行。因此，融合思政课的主题班会，教师要坚持理论性与实践性相统一的原则，应充分发挥学生的主体作用，让学生有一定的活动体验。

例如，从活动的准备阶段开始，便可以让学生参与其中，放手让学生分小组分工自主搜集资料，整理资料，在教师的指导下选择适当的展示内容。这样，让学生在活动中增强主人翁意识，加深活动体验；同时，要因地制宜、因时制宜、因材施教，创设符合主题的真实情境，让学生在真实情境中，经历道德体验、激发道德情感，有效促进学生道德行为的养成。

（二）注重引导情感体验，提高学生道德素质

在思政课的教学中，体验是非常重要的抓手。体验式教学就是通过创设孩子们的生活情境，让他们在情感体验中学习、思考，从而达到“在体验中快乐学习，在学习中明白道理”的目的。因此，在主题班会与思政课整合教学中，重视通过活动体验，引导学生重树价值或澄清价值，从而提高学生的道德素养。

1. 换位体验

换位体验是客观事物作用于人而引起共鸣的一种情感体验。在思政课教学中采取换位体验方式，以促成有如亲身感受的体验，增强学生对道德知识的理解，激发他们的道德情感，内化为道德认识。

2. 对比体验

对比体验是将代表正确的道德观念的形象与代表错误的道德观念的形象进行对比，让学生运用已有的道德观念去判断、分析、评价，形成一种道德素质。

3. 实践体验

实践体验是有意识地抓住各种教育契机，组织学生主动地、愉快地进行实践活动，有利于知行统一，形成道德评价的能力，促进道德素质的提高。

（三）重视课堂延伸，让思政课回归生活

《义务教育道德与法治课程标准》指出，品德教学源于生活，要从课堂出发，再回到学生的现实生活中去，让学生去体验生活、实践生活，在生活中践行，才是本质意义上的回归；要关注小学思政课教学的后续效应，重视将小学思政课课堂教学延伸到课堂之外的学生生活中。

我们可以在思政课与主题班会课的融合中，设置持续的跟进活动，促进课内生活走进学生课后生活，将课中所学所得所感所悟，真正转变为课后所用所做所行所为，有助于学生将思政课堂上的口头表达和表面认识，真正转化为实际行动和内心认同。

良好道德行为习惯的养成需要生活的浸润和实践的历练。例如“安全记心上”一课最后一个教学环节，老师紧密结合学生的生活实际，对学生的道德行为加以引导，设计了课后实践作业——争做交通安全宣传员，设计制作交通安全标语。设计类似的课后活动不仅把思政小课堂和社会大课堂有机结合起来，更是引导学生走进广阔的生活世界、践行道德认知的有效途径，把思政课延续为一个长期的道德行为养成过程。

思政课不是一般的公共课，是具有意识形态属性的国家课程，其主要功能是“育德”，在人才培养中具有根本地位，被看作是“课程中的课程”，对其他课程具有思想引领和价值定向作用。当主题班会课遇上思政课，应该怎么上？应该怎么使班主任工作与思政课课程教学深度融合在一起？我们将改革创新，主动作为，不断探索。

第五节 “匠心式”课例设计范例

一、爱国主义教育主题班会设计

课例设计——万里长城永不倒

设计者：潮州市枫溪小学 谢壁妆

活动对象：5—6 年级学生

活动目标：

1. 让学生充分了解抗日战争的有关情况，感受抗战过程中我们民族所体现的“百折不挠、自强不息”的精神。

2. 使学生懂得继承和弘扬“百折不挠、自强不息”的民族精神，主动改变依赖性强、心理承受能力差等不良现象。

3. 进一步增强学生的民族自尊心、自信心和自豪感，激发学生的爱国热情，培养学生的社会责任感。

活动重点：使学生充分感受并积极弘扬“百折不挠、自强不息”的民族精神，主动改变依赖性强、心理承受能力差等不良现象。

活动难点：使全体学生自觉弘扬“百折不挠、自强不息”的民族精神并能持之以恒。

课前准备：

1. 分组搜集资料。将学生分成四个小组，指导学生以小组为单位从四个不同角度搜集能充分体现“百折不挠、自强不息”的民族精神的相关历史资料（以抗日战争时期的资料为主），体验“百折不挠、自强不息”这种民族精神（教师引导并鼓励学生多渠道、多形式地进行搜集，要求各组长负责组织，组员分工合作，全员参与）。

2. 学生合作整理资料。以小组为单位，选择体验最深、最有代表性、最具说服力的内容，合作运用各自擅长或是喜欢的形式呈现出来并落实负责汇报的人选，鼓励学生将汇报的内容做成小课件。

3. 指导学生自主排练小品《小林》。

4. 培训两名主持人。

5. 师生合作制作相关课件并准备“长城使者”头饰。

活动过程：

（课前五分钟，播放爱国歌曲，渲染气氛）

一、对话引入，理解主题

1. 主持人宣布活动开始。

2. 主持人谈万里长城永不倒的原因，引出“百折不挠、自强不息”，并点明“百折不挠、自强不息”的含义。

二、创设情境，交流体验

1. 创设比赛情境，汇报课前收集的资料

主持人创设“比比谁更了解抗日战争”的情境，引导全体学生积极、自主地围绕“百折不挠、自强不息”这一民族精神，以组为单位对课前的体验进行交流汇报并适当与台下的学生互动（班主任以“长城使者”的角色、以裁判员的身份参与学生的活动，进行必要的引导和点拨，鼓励各小组通过不同形式，有所侧重地汇报）。

通过交流，让学生充分了解抗日战争的有关情况，感受抗战过程中所体现的“百折不挠、自强不息”的民族精神，进一步增强学生的民族自尊心、自信心和自豪感，激发全体学生的爱国热情。

第一组：

主要汇报抗日战争的有关数据、著名战役的情况和图片，以及他们的体会。

第二组：

主要汇报反映抗日战争的影像资料（如《地道战》《地雷战》等）及体会。

第三组：

主要汇报反映抗战精神的其他作品（如诗歌、民谣、歌曲、漫画、“三句半”等）及其体会。

第四组：

主要汇报从其他途径搜集到的资料（如采访抗战老战士、关工委老同志等）及其体会。

2. 班主任角色扮演

班主任（长城使者）对各组学生的表现进行简单的评价并引导学生汇报自己知道的古今中国的民族英雄，让学生明白“百折不挠、自强不息”这一民族精神是从古到今都存在着的。

3. 环节小结

班主任（长城使者）对本环节的活动进行小结，引导学生充分明确他们肩负的重任，懂得要继承和弘扬“百折不挠、自强不息”的民族精神，立志报国。（板书：百折不挠、自强不息）

三、观看小品，行为辨析

1. 小品展示

三名学生表演小品《小林》，其他学生观看。

（小品主要表现小林的两个毛病：依赖性强和心理承受能力差）

2. 行为辨析

组织学生交流对小林的看法。引导学生从小林的表现中充分认识小林依赖性强、心理承受能力差的毛病，明白像小林这样的孩子很难为祖国的建设做出大的贡献。

四、引导反思，畅谈感想

1. 班主任（长城使者）提出话题：看了小品之后，你有什么感想？

2. 学生独立思考，小组交流想法（着重引导学生对照小林存在的问题，反思自己和身边的人的表现，查找不足并提出整改的办法）。

3. 全班交流感想

班主任以长城使者的身份参与交流，对学生的发言进行及时的调控、引导、点拨和归纳，努力提高学生认识的广度和深度。

通过交流，使学生懂得必须继承和弘扬“百折不挠、自强不息”的民族精神，自觉改变依赖性强、心理承受能力差等不良情况，从小事做起、从自己做起，为了祖国的繁荣昌盛做出自己的贡献，让万里长城（中华民族）永远屹立在世界的东方，永不倒下。

五、总结谈话，深化主题

1. 总结谈话

班主任（长城使者）对活动做简单的小结并送给学生一首《精忠报国》（播放歌曲），希望学生记住这首歌并以自己的行动、用自己的一生去唱好这首歌，百折不挠，自强不息，练好本领，报效祖国，让“万里长城永不倒”。

（板书：从我做起，报效祖国）

2. 主持人宣布活动结束

课后拟继续以竞赛的形式组织学生采取各项切实可行的措施对存在问题进行整改，并做定期的检查评比，使活动更好地落到实处。

板书设计：

万里长城永不倒

百折不挠　自强不息

从我做起　报效祖国

二、“悦纳自我欣赏他人”主题班会设计

课例设计——为你我点赞

设计者：潮州市枫溪小学　谢壁妆　郑淡芬

活动对象：小学五年级

活动目标：

1. 让学生了解赞美的力量，初步学会欣赏和赞美别人，体验到赞美他人能给别人带来快乐和鼓舞，帮助他人树立信心，增进友谊。

2. 通过活动，让学生学会在欣赏他人的同时正确认识自我，悦纳自我，完善自我，为自己点赞。

3. 让学生在学会欣赏他人、悦纳自己的同时，认识到赞美是有原则的。

活动重难点：

1. 了解赞美的神奇效应。

2. 学会为他人点赞、为自己点赞。

3. 认识到点赞是有原则的。

活动设想：

1. 突出活动性。该主题班会以活动体验为主，让学生在活动中产生感悟，指导行为。

2. 突出创新性。融合心理学知识、心理学小测试，帮助学生自我认识。

3 突出实效性。选择的素材“近实小”，贴近学生生活实际，一张照片、一篇课文、一句话、一个动作……都可以成为活动的素材，生成课堂动态资源亮点。

活动准备：

精心设计活动过程；搜集相关典型事例、照片；制作成幻灯片。

活动过程：

环节一：开门见山，导入主题

师：同学们，今天我们交流的主题是“点赞”，你试过给别人点赞吗？如何点赞？

（有的学生可能会回答“打开朋友圈点赞”“在QQ空间点赞”，有的学生可能会回答“为他人竖起大拇指”，等等）

师：点赞的方式多种多样，今天，我们交流的“点赞”方式是“夸夸你、夸夸我”。也就是“为你我点赞”。

（设计意图：本环节开门见山，用孩子熟识的点赞方式点明主题，贴近孩

子的生活，具有现代气息，引起了学生的活动兴趣）

环节二：活动体验，学会点赞

（一）为他人点赞

1. 发现身边的例子

（1）点赞各行各业的人

师：同学们，你想为谁点赞呢？你想对他们说些什么？

生 1：老师，我想为您点赞，您辛苦了，您是辛勤的园丁，培育着祖国的花朵！

生 2：我想为环卫工人点赞，他们是城市的美容师，城市因为有他们而变得干净整洁。

生 3：……

师：是啊，各行各业，包括我们身边，都有我们想点赞的人，因为有了他们，我们的社会更和谐，更友善！老师也有想点赞的人，你们想不想知道是谁？

（2）点赞身边的同学

① 老师和同学围绕“德智体美劳”几个方面，点赞身边乐于助人、热爱劳动、勤奋好学、多才多艺、健康有活力的同学。

② 被点赞的同学适时说说自己的感受。

师小结：一句赞美能给我们的同学带来快乐，能激励他们努力做得更好。其实这是有科学根据的，因为这就是神奇的“罗森塔尔效应”。

2. 故事分享，感受赞美的重要性

小故事分享：罗森塔尔效应

3. 游戏

游戏：优点大轰炸

游戏规则：每位同学领一张点赞贴纸，把它送给组里你想点赞的人，谁得到最多点赞贴纸，可以得到一个大大的赞。

（1）放音乐，学生送赞。

（2）采访同学，主要关注以下三类：

A. 得到最多赞的同学（采访送赞者的想法，得赞者的感受）。

B. 一个赞也没有的同学（及时肯定他们的某些优点）。

C. 把赞送给自己的同学（采访把赞给自己的同学的想法）。

设计意图：从点赞各行各业人士，再到点赞身边的同学，采访被赞者的感受，让学生了解赞的力量，体验到赞美他人能给别人带来快乐和鼓舞，初步学会欣赏和赞美别人；捕捉课堂中动态生成的资源，如个别学生自赞，从而自然衔接至下个环节。

（二）为自己点赞

1. 心理小调查进行自我认识

师：首先，跟大家做个心理小调查，你对自己满意吗？请选择。

（1）容貌出众　（2）品德高尚　（3）性格开朗

（4）习惯良好　（5）表现力强　（6）学识丰富

A. 都很满意

B. 部分满意

C. 全部不满意

学生自选，举手（提问同学说说对自己哪些方面不满意）。

2. 正视缺陷

师：同学们，我们每个人都希望自己有姣好的容貌、翩翩的风度，还有渊博的学识，但，古人说得好：“金无足赤，人无完人。”每个人都有一些不足。那么，我们该如何去对待呢？先来看一组图片，你们会为他们点赞吗？

（出示名人的照片，选取有外貌特点的名人照片）

学生讨论，交流。

师：对于容貌不出众或者身体有缺陷时，我们应该乐观对待，努力提升自己，让自己越来越有人格魅力！

3. 改掉缺点

师：容貌和缺陷不可改变，那么，对于可以改变的缺点，我们应该如何对待呢？请听王宁的故事。

我们班的劳动委员小青转学了。今天开班会，林老师让大家补选一名劳动委员。选谁呢？突然，王宁站起来说：“我选我。”大家都愣住了。林老师亲切地说：“王宁，说说吧，你为什么选自己？”王宁说：“我以前非常懒惰，扫地总是偷溜，后来，在小青的帮助下，我改正了懒惰的坏习惯，我们成为了最好的朋友。他爱劳动，爱集体。我要像他一样热爱劳动，关心集体。”王宁的话刚说完，教室里响起一片掌声。

师：王宁哪些行为值得我们学习？

生：……

师小结：有缺点也不可怕，如果我们能像王宁一样，正视缺点，努力改正，就值得我们为自己点赞。

4. 夸夸我自己

小游戏：夸夸我自己。

游戏规则：每个小组各领一个赞，音乐开始，向后传，音乐停止，拿到赞的同学请起立，夸夸你自己。（两轮）

（设计意图：该环节结合心理学小活动，引导学生正确认识自我，让孩子在初步学会欣赏和赞美别人的同时，学会悦纳自己）

环节三：明理辨析，理智点赞

辨析一：三个学生表演小品《应聘》。

问题：假如你是主考官，你准备录取谁？

小 A 和小 B 去面试，他们抽到的面试题目是“请赞美主考官”（小 C），小 A 和小 B 思考了一会儿，小 A 开口了：“您好，从您整洁的穿着，可以看出您是个讲究细节的人，从您摆放整齐的桌面，可以看出您是个做事有条不紊的人，细节决定成败，这些，都是值得我们学习的优点。”小 B 是这样说的：“主管大人，您好，您看您，啧啧，天庭饱满，一看就是个有福气的人，再看您，啧啧，衣着讲究，高档，一看就是个有钱人，听您开口，就知道您是个学识渊博的人，主管大人，如果能在您手下做事，那真是我几世修来的福气！”

辨析二：小刚趁同桌不注意，悄悄地取走了她放在书包里的十元钱。后来，他经过激烈的思想斗争，又把钱归还了同桌！

辨析三：丽丽和小红是好朋友，今天语文考试，小红有一道填空题不会做，急着向丽丽求教。丽丽想到大家是好朋友，应该互相帮助，就把答案告诉了小红。

辨析四：考试卷发下来了，琪琪得了“优”，她十分开心，而丽丽呢，只得了个“良”，她十分难过，伤心地哭了。哭过之后，丽丽擦去脸上的泪水，对自己做错的题目重新思索，实在弄不明白，她去请教琪琪。琪琪呢，也没嘲笑丽丽，而是耐心地为她讲解，一遍又一遍，直到丽丽真正明白为止。

师小结：大家真是好样的，通过刚才的讨论，我们知道了，点赞是有原则的，点赞必须是理智的。我们绝不为违法和违反社会道德的行为点赞。老师希望大家都能做一个会点赞，又明辨是非的好孩子。（板书：点赞有原则）

环节四：我点赞，我自信

师：在这秋高气爽的季节，老师想让秋风吹向我们这群活泼可爱的孩子，让我们一起动起来吧，秋风吹到什么样的孩子，就请这些孩子起立并大声地告诉我们，你是一个怎样的孩子。

师：秋风吹，生：吹什么？师：吹男生。生：我是男生。

师：秋风吹，生：吹什么？师：吹女生。生：我是女生。

师：秋风吹，生：吹什么？师：吹乐于助人的孩子。生：我是乐于助人的孩子。

……

（设计意图：该环节通过创设情景辨析题，引导孩子学会点赞，并且认识到赞美不是谄媚，点赞是有原则的，也必须是理智的，澄清学生的价值观）

环节五：师生总结，升华内化

师：同学们，通过今天的交流，你学到了什么？

生1：我学到了要赞美他人，也要赞美自己。

生2：我学到了在赞美他人的同时也要看到自己的优点和进步，为自己点赞。

生3：我认识到了赞美的力量，赞美他人可以激励他人继续努力做得更好，我们更要赞自己，赞自己的优点，赞自己的进步，让自己更乐观，更自信。

生4：我认识到点赞是有原则的。

……

师总结：

大家的收获真多，通过这次活动，我们学会了要为他人点赞，为自己点赞，点赞要有原则。希望通过今天的学习，在以后的日子里，大家能带着一双发现美的眼睛，欣赏他人，悦纳自己，取人之长，补己之短，友善待人，乐观向上，用阳光的心态快乐生活。

环节六：课后活动，拓展延伸

优点树：优点树光秃秃的，老师给大家发一些叶子，在接下来的日子里，大家尽量挖掘别人的优点，或是自己的优点，把优点写在叶子上，并贴在优点树上，到期末，再统计看看，小树长出多少叶子。

（设计意图：该环节进行活动延伸，使活动具有延续性，更具实效性与科学性；同时，优点树也成为了班级文化的一个特色板块，记录着孩子们的成长轨迹。）

五、板书设计

为你我点赞

为他人点赞

为自己点赞

点赞有原则

三、“落实社会主义核心价值观——友善”主题班会课例设计

课例设计——好孩子　会谦让

设计者：枫溪区山边小学　李春莲

活动背景：

现在的孩子多数是独生子女，他们自私、任性，越来越以自我为中心，不懂得为他人着想，遇事首先想到的是自己。作为一名教育工作者，我越来越感受到此问题的突出。在日常工作中我发现当班里的同学遇到困难时，能主动伸出援手的并不多，还有部分学生常常为了一点点小矛盾就跑到办公室告状。有些性格急躁的孩子，在事情还没有弄清楚的情况下，就大打出手，

导致老师每天都要花很多时间去处理这些事。其实有很多事是孩子们可以自己处理好的，有些事只要互相谦让一些就可以解决，这也可能是因为孩子们缺乏处理这些事情的方法。

如何让友善的种子在孩子的心中生根发芽？如何在班级主题活动中培育和践行社会主义核心价值观呢？结合一年级学生常常以自我为中心，不懂得与他人分享的个性特点，针对他们在学习或生活中普遍存在的问题，我设计了这节“好孩子，会谦让”的主题班会。

活动目标：

（1）初步感知：通过活动让孩子了解生活中存在的谦让和不谦让现象，感知什么是谦让，知道谦让是一种美德。

（2）激发情感：让他们明白谦让的重要性，愿意做个谦让的好孩子。

（3）行为导向：让孩子初步懂得怎样才能真正做到谦让，并懂得分享。

活动重点：感知什么是谦让，明白谦让的重要性。

活动难点：懂得怎样才能真正做到谦让。

活动准备：

几段动画、几张照片、一首歌曲、视频录制工具。

活动过程：

课前播放《谦让歌》

一、看故事，悟谦让

师：同学们，谦让是我们中华民族的传统美德，我们每个中国人都要学会谦让，大家要学会做一个谦让的好孩子，这节课我们来开展一场活动，主题是——好孩子 会谦让！

请大家先看一段故事，边看边想：什么是谦让？

师：大家都是聪明的好孩子。真棒！谦让啊，就是要谦虚礼让，不争抢，不顶撞。好孩子呀，都会谦让。（读课题：好孩子，会谦让）

二、树榜样，激情感

（一）故事中的好孩子

师：在古代啊，有一个懂谦让的好孩子，他就叫孔融，他让梨的故事大家听说过吗？让我们一起来看一看，边看边思考，他是怎么谦让的呢？

播放《孔融让梨》视频。

师：孔融真是一个好孩子！他是怎么谦让的呢？

师：孔融这样做就叫谦让，我们应该向孔融学习，做个会谦让的好孩子！蓝迪和淘淘也是好孩子，我们来看看他们是怎么做的。

播放《蓝迪和淘淘》视频片段。

师：你们认为蓝迪和淘淘是不是会谦让的好孩子？为什么？

师：因为谦让，他们都吃到喜欢的西瓜，因为谦让，他们都玩得很开心，这多好啊！他们真是好孩子！

1. 展示身边谦让的好孩子

师：在我们身边，有没有像他们一样会谦让的好孩子呢？前几天，老师拿了一个相机，拍了一组照片，大家来看看他们是不是会谦让的好孩子。

出示图片一、图片二、图片三、图片四。

师采访图片中的主人主：能说说这是什么情况吗？当时你在干什么呢？

师：小枫看见排在后面的锐翰手受伤了，赶紧帮他装了水；小琪把自己带来的故事书让给小育先看；小佳琪每天先把碗勺发给同学们，自己最后才拿；沛楠看见因为盒饭有点烫，有的同学站着不敢拿，所以他总是帮大家发盒饭后自己才吃饭，饿肚子也不在乎！大家说，他们是不是会谦让的好孩子？

2. 交流身边谦让的好孩子

师：除了这几位同学之外，在我们身边，还有没有像他们这样会谦让的好孩子呢？他是怎么做的？先认真想一想，想好的同学可以同桌讨论一下。

学生讨论、交流反馈。

师：都是会谦让的好孩子！在这里，老师要好好夸夸一位同学，他不但在学校做得好，在家里也做得很好，他是谁呢？请看大屏幕——

（二）父母眼里的好孩子（播放视频）

师：知道这位家长讲的是谁吗？对，他就是——沛楠，我们应该向他学习，无论是在学校、在家里还是在社会，都要做一个会谦让的好孩子！我们一起夸夸沛楠。

师：同学们，谦让是一种美德，它可以使人得到别人的尊重，可以使人得到别人的赞美，可以使人与人之间变得友善，还可以使社会变得和谐！

三、知后果，强意识

师：可是，在我们身边，还有一些不谦让的现象，造成的后果可严重呢！大家请看：

（1）展示塞车照片

师：这是什么场面？知道为什么会这样吗？原因是几辆车互不相让，他们不懂得谦让，结果造成了大塞车，大家都走不了。

（2）展示受伤照片

师：他们为什么受伤呢？他们是因为一点小矛盾，互不相让，打起架来，结果都受伤了！

交流身边不谦让的例子。

师：在我们的生活中，还存在哪些不谦让的现象呢？

小组讨论，全班交流反馈。

帮助“明明”解惑支招：

师：同学们，谦让多重要呀！可是在我们身边，确实还存在着一些不谦让的现象，不但影响我们自己的形象，也影响了同学间的团结，都是不好的。有一个同学，名字叫“明明”，他很想和大家交朋友，可是同学们都不喜欢他，也不喜欢跟他玩，他不明白为什么，我们来帮帮他好吗？

课件播放“明明的困惑”。

师：为什么大家都不喜欢明明呢？学生发表自己的意见。

师：因为明明不懂得谦让，所以大家都不喜欢他。那么他应该怎么做，才能让大家喜欢？

师：如果明明学会谦让，大家一定会喜欢他的。大家有时是不是也跟明明一样，不懂得谦让，如果是的话，应该马上改过来，这样，大家才会喜欢你！

四、谈做法，学谦让

欣赏歌曲学谦让

师：好孩子，会谦让。会谦让的孩子应该怎么做呢，我们一起来欣赏《谦让歌》，请大家边听边想，谦让的孩子应该怎么做。

播放《谦让歌》。

师：如果遇到这样的情况，你会怎么做？

（1）你和小明都想回座位，在进入通道时，两个人不小心挤在一起，小明马上跟你说："对不起，你先过吧。"你会怎么做？

（2）午餐时，其他同学都领到了自己的盒饭，你和小张还没领，可是只剩下一份了，你会怎么做？

（3）家里只有一台电视机，你正在看动画片，爷爷奶奶想看潮剧，你会怎么做？

（4）公共汽车上坐满了人，这时上来一位老奶奶，你会怎么做？

（5）爸爸开车送你上学，路上有点堵，爸爸见缝插针，使道路堵塞得更厉害，你会怎么做？

……

五、争星星，促行动

1. 总结谈话，升华情感

同学们！谦让是一朵文明之花，它使人们更加友善，使社会更加和谐，让我们一起从自己做起，从小事做起，争做一个会谦让的好孩子吧！好吗？

争当"谦让之星"，分发评价表。

	学校	家里	社会
自评	☆☆☆☆☆	☆☆☆☆☆	☆☆☆☆☆
同学评（家长评）	☆☆☆☆☆	☆☆☆☆☆	☆☆☆☆☆
总评	（　　）☆	（　　）☆	（　　）☆

2. 课后延伸，落实行动

课后，我们将开展争当"谦让之星"的活动，请看上面这个表格，看看在接下来这一周的时间里，谁的表现最好，下周班会课我们将评出"谦让之星"。大家想不想评上，那就开始行动吧！下课！

板书设计：

第四章

匠心家校共同体建设

家长是教育的合伙人，赋能成长，合作共赢！

——题记

2016年，习近平总书记在会见第一届全国文明家庭代表时指出："家庭是人生的第一个课堂，父母是孩子的第一任老师。"总书记的讲话高度概括了家庭教育的重要性，对新时代家庭教育建设具有重要的指导意义。2022年1月1日实施的《中华人民共和国家庭教育促进法》、2023年2月教育部等十三部门联合印发的《关于健全学校家庭社会协同育人机制的意见》，意味着家庭教育从"家事"上升为"国事"。教育促进法突出的是对家庭教育的"促进"，作为教师，更应该发挥指导作用，为家长的教育赋能。《中小学德育工作指南》中提出了六大实施途径和要求，其中协同育人旨在加强家庭教育指导，构建社会共育机制。在教育中，我把家长当成教育的合伙人，开展家长培训课程，创设交流平台，凝聚校家社同心力，构建校家社育人共同体。

第一节 构建家校育人共同体

家庭是人生的第一所学校，家长是孩子的第一任老师，家庭教育是人才培养的奠基工程。随着时代的发展变迁，家庭教育的理念、任务和方式方法也在不断地发生变化。随着我国教育进入新阶段，家庭教育作为与学校教育、社会教育并立的现代化教育，是不可或缺的三大支柱之一，地位和作用也更加突显。

一、建立家长委员会，构建三级立体管理模式

家庭是人生的第一个课堂，父母是孩子的第一任老师。真正的教育从来不单单是学校的事，更是家庭和学校的共同责任。在长期探索中，学校摸索形成了"学校家长委员会—年级家长委员会—班级家长委员会"三级管理模式，设家长委员会理事会，管理四个志愿服务组（护学组、辅学组、爱心组、后勤组），形成章程，进一步促进家长参与学校管理，提升家校融合力。在此基础上，各班成立家长委员会，定期召开会议，及时听取家长的意见建议，动员广大家长参与班级的管理和志愿服务。

（一）形成了三级立体管理模式

在长期探究中，学校逐级成立了班级、年级、校级三级家长委员会，实行分层管理模式。班级家长委员会采取家长自荐、互荐和班主任提名相结合的方法，由三名家长代表组成班级家长委员会委员，与班主任协同合作。各班推荐一名优秀的家长代表组建成年级家长委员会。年级家长委员会成员共同组成校级家长委员会。家委会成员来自各行各业，具有代表性和先进性。校级家委会设会长 1 名，副会长 2 名，理事长 1 名，理事 9 名，成员 53 名。各级家长委员会有明确的职责，成为联系广大学生家长的桥梁和纽带，共同为孩子们营造更好的学习环境，促进孩子健康、快乐成长，促进学校工作取得新发展、实现新跨越。

（二）制定家长委员会运作及服务机制

为深入贯彻中共中央、国务院《关于进一步加强和改进未成年人思想道德建设的若干意见》，充分发挥家长在学校教育和改革发展中的积极作用，积极动员社会力量参与和支持学校教育工作，努力构建和完善学校、家庭、社会三位一体的教育体系，全面推进素质教育，促进学生全面健康和谐发展。根据教育部《中小学德育工作指南》和《教育部关于建立中小学幼儿园家长委员会的指导意见》，特制定《枫溪小学家长委员会章程》和《枫溪小学家长志愿者服务队管理章程》。

《枫溪小学家长委员会章程》内容包括四大章，即总则、组织机构、家长委员会主要职责、家长委员会的权利与义务。《枫溪小学家长志愿者服务队管理章程》包括组织机构、小组职责、实施办法、成员义务等几个方面，明确职责，分工合作。

二、整合资源，充分发挥家长委员会的引领带动作用

（一）家长参与学校的决策、监督和评价

学校的发展与教育质量的提高离不开各方面力量的共同支持，同时也需要各方面力量的共同监督和评价。其中，家长因其与学校的密切关系而成为重要力量之一。家长参与学校教育（包括决策、监督和评价等）也是依法治教的需要。社会主义市场经济体制的建立，给教育的改革和发展提出了许多新问题。学校扩大自主权以后，要有一个相应的监督机制。家长参与教育可增强教育内部的透明度，促使社会各界就教育形成共识，依法“诊断、防治、治疗”基础教育面临的多种疑难杂症。

所有与学生切身利益相关的事情，学校均主动与家长委员会协商。每学期均有固定时间与学校家长委员会进行交流。让家长代表深入了解学校，聆听、巡视、沟通，参与学校的决策、监督、评价，家长与教师之间逐渐相互信任和理解。家长不仅成为学校形象的维护者、学校声誉的宣传员、推进学校工作的智囊团，更成为学校提升办学品质的宝贵资源。

（二）发挥家长作用，成立家长志愿者服务队

2018年4月以来，我校在枫溪区率先开创"家校警"护学模式，取得了良好的社会效应，校园周边秩序得到明显改善，学生上学"最后一百米"安全得到保障，构建了校园及周边文明、和谐的环境。为进一步发挥家长资源优势，形成合力互助，我们在原有交通护学队基础上，成立了枫溪小学家长志愿者服务队，下设四个小组，分别是交通护学组、辅学组、爱心活动组、勤务组。最初，我们分发家长志愿者申请书，家长自愿申请，班主任及学校政教处审核同意，建立基本信息档案，学校为家长志愿者发放聘书及服务证，服务期为一学年，期满经学校和志愿者双方同意可继续服务，学校依志愿者专长分配工作，给予指导。

（三）推进家长进课堂系列活动的开展

家长是老师的合作伙伴，家庭和学校同样担负着教育孩子的职责，因此，积极有效地开展家长助教活动，能够促进家校联系，为家长和老师搭建互动交流、互相学习的平台，从而建立良好的家校关系，提高教师的家庭教育指导力和家长的家庭教育能力，实现家庭、学校、社会三位一体助力孩子全面发展。围绕学校方秋辉校长主持的广东省教育科学"十三五"规划2020年度教育科研重点项目"新时期小学家校共育1+2+3模式的研究"，学校开展家长进课堂主题系列活动，包括国防教育、自主学习、家国情怀、地方传统文化传承等主题教育，从拟定主题到选定授课家长，再到家长展示，皆由教师与家长委员会成员合作完成。

三、家校携手共育，推进亲子活动课程的开展

（一）家校互动，开展艺术节亲子展示活动

枫溪镇曾是陶瓷产业的重要基地，我们充分利用本地资源，开展亲子画瓷盘活动，通过对亲子区域活动、亲子互动课等的指导，让家长发现教育价值，掌握亲子活动中与孩子互动的技巧。

我校艺术节除了亲子陶艺活动，还举行了亲子手工制作会、亲子艺术

展演等活动。通过亲子手工制作会，家长和孩子合作共同完成一幅手工作品，增强了亲子之间的感情，学校培育学生全面发展的工作也得到了家长的认可。亲子艺术展演则让家长、学生以及老师同台演出，使得学校与家庭的心更加贴近。老师与家长、孩子的互动节目增进了彼此的了解，建立了良好的沟通平台，创造了展示自我的机会。亲子活动让我们看到了孩子闪光的一面，也看到了所有老师的辛勤付出和爱心。

（二）家校联手，亲子读书活动异彩纷呈

学校还积极引导家长开展以学校为主体的亲子活动。一直以来，我校每年都会开展“阅读节”，也就是家庭亲子读书活动。这也是我校的一项特色活动。近年来，我校将读书活动由学校引向家庭，在“书香校园”的基础上开展创建“书香家庭”的读书活动，充分发挥学校和家庭的作用，使其成为读书活动的支持者、宣传者、参与者和建设者。

（三）亲子研学，加强孩子的社会参与度

我们利用地域文化资源，与家长共同组织亲子研学活动，利用周末或节假日，一同到大自然去郊游，在“让生活走向自然，让教育走进生活”理念的引领下，在轻松、自然的氛围中增进情感、促进沟通，丰富学生的课余生活，拓宽学生的视野。这一活动大多通过家长自发组织的方式来开展，班级家长委员会起到了积极的带动作用。

（四）传统传承，开展节假日亲子趣味活动

我校常以传统节日主题活动为平台，以亲子互动的方式，积极探索节日主题亲子活动的有效性，从而提高父母教养子女的能力，提高学生综合素质。如劳动节的爱劳动亲子活动、国庆节的爱祖国亲子活动、重阳节的敬老尊老亲子活动等，都能给孩子创造接触社会、体验生活、激发爱的情感的机会。

除了以上的亲子活动，我校还组织家长和学生参加亲子义卖，培养爱心与社会责任感，参加“未成年人思想道德建设论坛”“手拉手亲子环保小制作”“亲子绘画比赛”等活动，调动家长参与积极性。

第二节　家长素养提升策略

2022 年 1 月,《中华人民共和国家庭教育促进法》正式实施，意味着家庭教育从“家事”上升为“国事”，教育促进法突出的是对家庭教育的“促进”，作为教师，承担着家庭教育指导者的角色，在我校悦文化引领下，我们致力于通过专家引领、构建课程、创设互动、搭建平台，为家长点灯，助力家庭教育，促进家校和悦共育。

一、专家引领，培育“有光”家长

《中华人民共和国家庭教育促进法》第十七条，未成年人的父母或者其他监护人实施家庭教育，应当关注未成年人的生理、心理、智力发展状况，尊重其参与相关家庭事务和发表意见的权利，合理运用以下方式方法:（一）亲自养育，加强亲子陪伴;（二）共同参与，发挥父母双方的作用;（三）相机而教，寓教于日常生活之中;（四）潜移默化，言传与身教相结合;（五）严慈相济，关心爱护与严格要求并重;（六）尊重差异，根据年龄和个性特点进行科学引导;（七）平等交流，予以尊重、理解和鼓励;（八）相互促进，父母与子女共同成长;（九）其他有益于未成年人全面发展、健康成长的方式方法。

由此可见，孩子的成长需要家长去砥砺，去刺激，去引发，让孩子“潜在的光”发散出来。现实中家长素养参差不齐，未必人人“有光”,《中华人民共和国家庭教育促进法》中家长的义务未必能很好履行，家庭教育的有效性难以保障。根据家长在现阶段家庭教育方面存在的问题，学校首先确定走“专家引领，培育有光家长”这条路。学校先后邀请广东省级家庭期刊集团《孩子》杂志执行总编、广东省家庭教育讲师团副团长、广东省家庭教育研究会副秘书长祁丽珠做题为“面对新时代新政策，我们如何做父母”的专题讲座；广州市教育研究院、广州市中小学德育研究与指导中心主任蒋亚辉做题为“‘双减’背景下，对家庭教育促进法的学习解读”的专题讲座；韩山师范学院教授陈洵做题为"'双减'背景下，家庭教育的加与减"的专题讲座。通过讲座向全体家长传授家庭教育规范、科学的教育理论和方法、成功的教育案例，并解答当前教育的难点热点问题，帮助家长确立正确的教育理念，掌握科学的教育方法。

通过专家引领，让家长"有光"，也教会家长以自身的光去温暖，去唤醒，去点燃，让孩子生命本已具有的光变得更加明亮。

二、构建课程，夯实发光体

（一）开发主题家长会校本课程

主题家长会校本课程是以班级为单位进行家长教育，主要以班主任为授课老师，其目的在于通过家长教育解决班级学生的问题。这种课程是问题解决式的课程，内容针对性、实用性强。班主任对学生问题熟悉，便于与家长深入沟通交流，同时注重问题的后续跟进，这样的家长课程收获较大。

主题家长会校本课程根据《中小学德育工作指南》中的"学段目标"，初定不同年级家长会的主题，形成方案、讲稿和PPT，如表4.1所示。

表 4.1 主题家长会校本课程

<table>
<tr><th>年级</th><th>主题方向</th><th>主题家长会方案</th><th>形式</th></tr>
<tr><td>一年级</td><td>入学适应、行为习惯培养、安全教育等</td><td rowspan="2">1. 低年级学生良好行为习惯的培养
2. 做好安全教育，为孩子健康成长护航
3. 家校合育，共做孩子成长引路人
4. 低年级学生阅读习惯的培养</td><td rowspan="6">展示，
主题交流，
案例探讨，
家长经验介绍</td></tr>
<tr><td>二年级</td><td>行为规范与道德规范、阅读习惯培养、学习方法指导等</td></tr>
<tr><td>三年级</td><td>文明礼仪、家校合作、与人交往等</td><td rowspan="2">1. 孩子责任心的培养
2. 重视课外阅读，培养良好习惯
3. 青春期教育
4. 家校合育，共同托起明天的太阳</td></tr>
<tr><td>四年级</td><td>人际交往指导、文明上网、阅读习惯强化等</td></tr>
<tr><td>五年级</td><td>培养良好品质、青春期教育等</td><td rowspan="2">1. 培养学生良好的学习品质
2. 静待花开——孩子进入青春期，怎么办？
3. 助力孩子树立远大理想
4. 调整心态，迎接毕业</td></tr>
<tr><td>六年级</td><td>理想教育、迎接毕业考等</td></tr>
</table>

（二）开发家长学校培训课程进行授课

家长学校的培训对象是家长，成人的学习是自我导向的学习，教育生活经验是成人学习的重要资源。因此，学校的家长培训就“以问题为中心”进行培训。课题组借助调查问卷，通过对实验学校的家长学校课程设置进行问卷取向调查，总结家庭教育、家校共育存在的问题和家长的需求，作为确定家长学校课程内容体系的依据，最终确立以《全国家庭教育指导大纲》为核心的、指向学生核心素养发展的课程体系对家长进行授课。课程内容多元化，融合集中讲授、案例剖析、现身说法、亲子互动、研讨交流、教材导读、家长互助、角色扮演等多种方式。

三、创设互动，进行诊断帮扶

在深入调查和研究的基础上，我们根据不同年级的学生、不同类型的家长，有针对性地举办各种类型的家长会，提高家长学校办学的针对性和实效性。同时，落实常规家长会，召开特殊群体学生家长会，力求丰富家长会形式。学校严格考勤管理，对出席听课的情况进行及时考勤记录，因故缺席，必须事先请假或事后补假，提高家长参加学习的自觉性。近几年，家长会出勤率在 96% 以上。

此外，学校制定家访工作指引，由教师入户家访，详细了解每个孩子的家庭学习情况和家长的个人素质情况，及时掌握第一手材料。通过家访活动，增加了教师和家长之间的了解，也使教师的学校教育与家长的家庭教育达成共识，与家长密切配合，及时与每名学生谈心，及时发现他们身上的闪光点。适时家访也是借机向家长传授教育知识、一起探讨教育孩子心得的方法，有效帮助了家长提升教育技能，提高家庭教育成效，也促进了家校和悦共育。

四、搭建平台，促进互学互长

（一）开展系列主题活动

学校充分创设平台，以活动推动家长学校的发展，为家长点灯。通过开展“和悦共育，树良好家风”以及“共画家校同心圆”系列活动，进一步弘扬家庭美德、树立良好家风，充分发挥广大教师和家长在家校共育中的积极作用。开展“家风·家训·家梦想”一句话征集、书法绘画作品或亲子摄影、“美家庭·好家风”家庭故事分享等活动，在全校范围分年级展开。开展“共画家校同心圆”系列活动：包括“家庭教育促进法”专题学习、“家教小报”征集活动、“我的育儿故事”征文比赛、“家校共育观”征文比赛、“家校共育评价体系”试验活动、家校共育示范班评比等，通过活动，为家长和老师搭建互动交流、互相学习、互相提升的平台。

（二）借助现代媒体技术，搭建网络平台

利用学校公众号开辟家教天地，将更多的家教经验、方法传递给家长；开通校长邮箱，诚心诚意与家长沟通；借助电子学生证、学校微信公众平台等，定期把科学的家教知识、家教格言名句、安全普法知识发送给家长，多渠道、多层次、多元化地拓展课外学习；各班建立微信群，教师及时分享学校活动、学生在校表现、学生优秀作品。通过网络平台，家长们也不时交流学校教育和家庭教育中的成功做法及遇到的问题，在交流中学习，大大提高了家庭教育的质量，也促进了家校和悦共育。

（三）开展假期指导活动

每逢假期，少先队大队部都以“一封信”的形式向家长和学生发放学生假期体验实践活动指南，帮助学生寻找不同的体验岗位，确立体验角色，在家长的指导下进行丰富多彩的体验活动，如“做妈妈的小跟班”“今天我当家”“我是环保小卫士”“小小发明家”等，帮助父母有目的地丰富孩子的假期生活，促进家庭教育向高质量发展。

（四）借助校刊分享先进理念

借助校刊《悦耕悦长》，设立阳光地带、教子心得、育人心经等专栏，或向家长及老师展现一些国内外前沿的教育理念，或刊登家长的教育感悟，或展现教师教育的反思，共同探讨家校合作的重要性。

通过多措并举，点亮家长心中的明灯，让家长找准位置，懂得教育本身有“趋光性”，是“向光而行”的；教育的目的，是让每个生命发光。激发家长以自身的光去温暖，去唤醒，去点燃生命之光，促进立德树人根本任务的有效落实。

（以上引自方秋辉校长文章）

第三节　构建家长培训课程

一、“主题式”家长课程体系构建背景

2022年1月，《中华人民共和国家庭教育促进法》正式实施，在此背景下，笔者以“家长课程体系的构建”为切入点进行研究，针对学生健康成长需求，把课程设计的主题落脚于与家长携手共同对学生进行生命教育。课程融合了与学生成长有关的生活能力培养、自身潜能激发、持续发展指导等内容，提出了“生存、生成、生长”的“三生”家庭教育指导理念，助力家长引导学生了解并适应社会发展需求，建立学校学习与未来发展的内在联系，形成清晰的人生发展认知，促进自我设计与完善，为孩子的终身发展奠基。

笔者借助主持研究的省级课题，引领课题组成员采用“问题—设计—实践—调整”四环节构成的行动研究法，力求形成一套有效的、具有借鉴价值的、可推广的家长学校培训课程，为地域性家长学校工作开展提供专业支撑。

二、“主题式”家长课程体系构建的基本原则

（一）方向性原则

家长学校课程体系的构建，服务于打造家校合育生命成长共同体办学特色，立足于为家长成长赋能的目的，最终实现对学生的全员、全过程教育目标，充分发掘学生、家长、教师、社会资源，充分发挥学校的引领作用，充分挖掘家长资源，力求形成强大合力。

（二）系统性原则

课题组根据家长学校的办学理念和培养目标对课程实施整体设计，从主题、内容、形式进行全方位考虑，研究形成了三大类课程体系——主题式亲子活动课程体系、生命教育主题下“三生”家长课程体系、主题式师资团队培训课程体系。

（三）适切性原则

课题组从实际出发，在现状调查归因分析的基础上进行校本课程的开发与实施，做到了既适合学生及家长的接受能力，也适合家长学校现有的办学条件，有利于学生及家长在原有基础上发展进步。在内容的安排上，选用家长迫切需要、教师易于操作、学生参与其中的活动内容和课程内容。

（四）协调性原则

家长学校课程是在国家课程计划框架内、立足于学校实际开发的，做到了与国家课程和地方课程的协调一致、均衡发展。在三类校本课程开发过程中，秉持整体的观点，相互调适，形成合力。在校本课程的实施中突破了“学校—教室—课本”的封闭状态，融入了社区、家庭等外在因素，做好了学校、社会和家庭三者之间的整体性协调。

（五）全员化原则

家长也是德育工作者，也要切实担负起教育子女的责任，子女品行不好，父母和家庭应负主要责任。全社会都应该树立这样的意识，强化家长和家庭在教育中的责任心。学生生活在社会中，每一个与之接触的人都在有意无意地影响着我们的孩子，都在以他们的言行举止“教育”着我们的学生。从这个意义上说，德育成员的队伍是十分庞大的。因此，全社会都应该树立“大教育观”的理念，为我们的孩子健康成长创造一个和谐、友善、健康的社会大环境。

三、“主题式”家长课程体系的构建

（一）“主题式”家长课程体系科学构架

笔者从整体课程建构的角度出发，以“让家长成为教育的合伙人”为定位，以“打造家校育人共同体”为目的，以实现“全员育人，全面发展，全人教育”为目标，构建富有特色的提升家长素养的课程，助力家长引导学生了解并适应社会发展需求，建立学校学习与未来发展的内在联系，为孩子的终身发展奠基，为地域性家长学校工作开展提供专业支撑。

1. 规划相辅相成的家长课程类型与结构

课题组遵循家长学校的办学理念和核心价值追求，融合学校特色，针对提升家长素养、提高教师科研能力，最终服务于提升学生的核心素养，落实立德树人根本目标，对家长学校的校本课程进行统一的规划，提炼形成三类校本课程——主题式亲子活动课程、生命教育主题下“三生”家长课程、主题式师资团队培训课程，以全面性、整体性、联结性、统合性、探究性为特征的主题式家长课程应运而生。

2. 确立具体清晰的家长课程主题与目标

家长课程目标决定着校本课程的性质，目标一旦确定，课程内容、课程组织、课程实施和课程评价就有了依据。

在确定课程目标时，课题组成员综合分析了影响目标设置的各种因素，首先制定了家长课程的总目标：通过主题式亲子活动课程体系的构建，充分发挥家长“助教”作用，让家长、学生、学校在活动体验中联结，建立情感基础，促进家长参与感；拟通过设置家长培训课程体系，针对家长需求，为家长成长赋能；拟设置主题式师资团队培训课程体系，提升家长学校师资团队水平。同时，通过开展三种课程，拓宽学生、教师与家长的社会参与面，提高教师科研能力和家长家教水平，帮助教师在“专业引领”“同伴互动”“自我研修”中获得成长，帮助家长更新教育观念，掌握科学家教方法，实现家校合作教育的最大效益。同时，打造特色家长学校，让家长学校走出特色和品牌，成为家校合育、共同成长的平台。

（二）生命教育视野下“案例式”家长课程体系的构建

1. 生命教育视野下“案例式”家长课程的理论支撑

生命教育就是让学生接受和认识生命的意义，热爱与发展每个人的独特价值，并将自己融入集体之中，树立积极健康正确的生命观，培养坚定的理想信念，为社会创造幸福，从而实现个人价值。这就要求学校必须联合家庭的力量，形成教育合力，才能真正实现每一位学生的健康成长。作为家庭教育指导者的我们，目前更重要的是发挥指导作用，为家长的教育“赋能”，因此，构建专业课程具有时代意义与现实意义。

2. 生命教育视野下“案例式”家长课程的内涵解读

课程体系的构建基于学校原“生命化教育”理念，融合了学生成长中的生活能力培养、自身潜能激发、持续发展指导等内容，提出了“生存、生成、生长”的“三生”家庭教育指导理念。“三生”的内涵及逻辑关系核心是“生命生长教育”。课程以“为家长成长赋能”为宗旨，以共促孩子的“生存、生成、生长”为目标，以《父母课堂》为教材，尝试围绕某一主题设计多形式融合、具有序列化与系列化的家长课程体系，以“项目化”形式阶段性推进课程实施，以“案例式”教学设计模式对家长进行培训，帮助家长更新教育观念，掌握科学的家教方法，提升家长素养，为新时代背景下的家庭教育赋能。过程如图 4.1 所示。

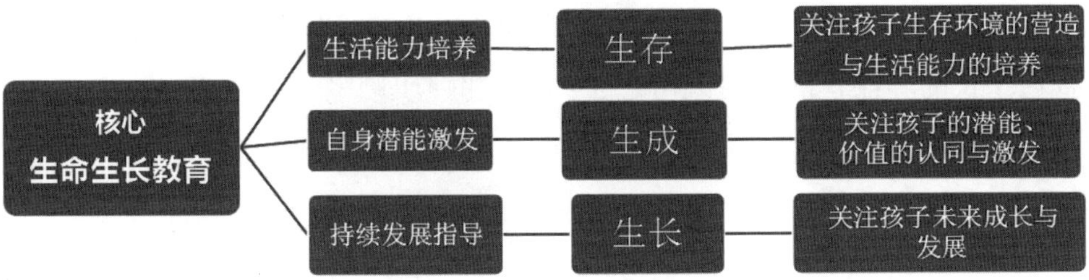

图 4.1　家长课程逻辑图

3. 生命教育视野下“案例式”家长课程的目标建设

在“三生”家长课程体系中，教师、家长、学生是三个与之相关联的主体。教师是课程设计者与实施者，家长是受指导对象及实践者，学生是最终受益者。课题组借助线上问卷调查，通过对实验学校的家长培训课程设置进行问卷取向调查，总结家长需求、困惑，最终确立以共促孩子“三生”教育为课程建设目标。生存，着重于学生的自立养成，家长发挥指导者的作用；

生成，着重于学生的自我成长，家长发挥支持者的作用；生长，着重于学生的自我实现，家长发挥引领者的作用。通过“三生”课程，最终实现对学生身心健康教育即生命教育的目标。

4. 生命教育视野下“案例式”家长课程的内容设置

课题组借助《区域性家长课程需求调查问卷》，调查并总结家校合育存在的问题以及家长需求，作为确定家长学校课程内容体系的依据。

家长课程内容体系构建的主要依据是《全国家庭教育指导大纲》，指向学生核心素养的发展。围绕“三生”目标细化为“关注孩子生存环境的营造与生活能力的培养”“关注孩子的潜能、价值的认同与激发”“关注孩子未来成长与发展”等具体内容，再根据细化的内容设计家长培训课程，使之更具针对性、科学性与有效性 。

同时，根据以上三方面具体内容，每项内容分别设置“改进性”与“发展性”两大类课程，改进性课程主要帮助家长解决家庭教育存在的问题，摆脱家庭教育的困境，面向家庭教育观念、态度、方法、行为等存在问题的家长；发展性课程主要帮助家长谋求理想化的家庭教育结果，改善家长的家庭教育观念、方法、行为，从而促进孩子全面、积极、持续发展，是面向全体普通家长的。课程的构建既考虑了共性，也考虑了个性；既考虑了普遍性，也考虑了特殊性。

5. 生命教育视野下“案例式”家长课程体系

（1）设置序列化课程内容，重视课程完整性科学性

“案例式”教学课程体系以《父母课堂》为指导教材，从主题的确立、形式的选择、内容的筛选进行了顶层设计，围绕发展性与改进性目标，以“三生”教育三要素为经，以三个年级不同层次为纬，由低到高，确定家长学校课程内容，力求形成科学化、系统化、规范化且相对稳定的家长学校课程内容体系，克服家长学校在课程开发时的盲目性、随意性、碎片化，增强家长学校教学的针对性、实效性和时代感，确保家长学校规范、有序、持续开展。课程体系如表 4.2 所示。

表 4.2 生命教育视野下“三生”家长课程体系

主题方向	目标	年段	课型	课程名称
生存：关注孩子生存环境的营造与生活能力的培养	学生：自立养成 家长：发挥指导者作用	低年段	改进性	讲究家庭教育语言的艺术性，第 1 课时
				讲究家庭教育语言的艺术性，第 2 课时
			发展性	预防溺水，平安成长
				关注消防，生命至上
				向校园欺凌说不
				预防溺水　悦享盛夏
				小学生寒假如何安全出行？
				培养良好的亲子关系
				宝贝上学啦
				“零起点”不用慌，孩子是天生的学习者
		中年段	改进性	破译作业密码，助力孩子成长
			发展性	劳动教育，从做家务开始
		高年段	改进性	讲究家庭教育的语言艺术
			发展性	“双减”背景下助力家长做好角色定位　助力孩子成长
生成：关注孩子的潜能、价值的认同与激发	学生：自我成长 家长：发挥支持者作用	低年段	发展性	践行“双减”培育自信孩子
			发展性	家庭教育对孩子人格养成的作用
		中年段	发展性	做积极的父母，与孩子共成长
			发展性	善用积极语言，使亲子关系更和谐
		高年段	发展性	智慧关爱孩子，培养良好习惯
			发展性	陪伴，与孩子共成长
生长：关注孩子未来成长与发展	学生：自我实现 家长：发挥引领者作用	低年段	改进性	放下担忧，相信孩子
			发展性	“双减”政策下低年级数学学习
		中年段	发展性	建立正确教育观　培养孩子的责任心
			改进性	乐学善思——激发学习兴趣，提高学习信心
		高年段	改进性	当好心灵工程师，守望孩子的成长
			改进性	不经历风雨，怎能见彩虹——培养学生的抗挫力
			发展性	从兴趣入手，让孩子爱上英语

（2）设计项目化课例流程，重视课例设计复盘修整

项目化教学是指师生通过共同实施一个完整的项目工作而进行的教学活动。项目化学习是通过真实有挑战性的问题，进行持续实践，达到对核心知识的深度理解和思维的迁移，它的宗旨在于让学生在解决真实问题或实施真实任务的过程中完成学业，从而激发学生内生动力，培养学生自主、积极的担当态度和学习知识、解决问题的能力。笔者针对家长学校课程内容脱离家长教育实际和需求、授课方式主要以“单向传授”“被动接受”的问题，基于项目化理念，对新型家长培训授课流程进行了系统设计，具体内容包括：

准备阶段：前期的调研与设计。

前期问题收集——通过对实验班进行问卷调查，收集家长在家庭教育中存在的问题、需求及困惑。

确立核心问题——总结分析收集到的材料，提取问题并进行分类，确立普遍性问题与特殊性问题。

搜集授课素材——借助《父母课堂》进行授课素材搜集。

设计教学内容——对素材进行筛选、整合，形成教学内容。

实施阶段：实验与展示。

进行授课展示——采用“案例式”教学模式进行授课。

延伸阶段：后期的反馈与修正。

匿名问卷反馈——对授课结果进行匿名问卷反馈，便于及时进行内容、方式的调整。

形成研究作品——针对主题，形成设计、课件、问卷、学习心得、家教小报等作品。

通过以上“三阶段七步骤”，使得课程的设计具有严密的序列性、鲜明的针对性、深刻的教育性、充分的自主性、课前的参与性和课后的拓展性，优化了原有的家长学校授课模式，提高家长学校教学质量。

（3）“模式化”探究教学方式，重视课例教学优质高效

实践证明，家长学校的教学模式必须从家长的需求出发，从教学活动的步骤安排、教学双方的互动方式以及教学的反馈支持系统为切入点进行整

体、顶层设计，逐步形成多元化、开放化、系统化的教学模式，才能满足多层面、多类型的家长对家庭教育的需求，保证家长学校的持续高效发展，促进家长学校教育质量的提升。

因此，我们一直致力于探索以班为单位组织开展的“案例式”教学的家长学校授课模式。“案例式”教学是以《全国家庭教育指导大纲》为指导、以《父母课堂》为主要教材、以班为单位、以班主任为主讲教员、以家长为主要学员的成人培训课程。随着时代的发展，我们不断调整、提炼，又形成了“5+1”案例教学模式，关注“导入、互动、自省、点拨、拓展、延伸”等要素，形成“案例呈现 — 交流共享 — 自我观照 — 践行指导 — 课后拓展—线上延伸”环环相扣的“线下授课 + 线上延伸”的“5+1”设计与授课模式。具体流程如图 4.2 所示。

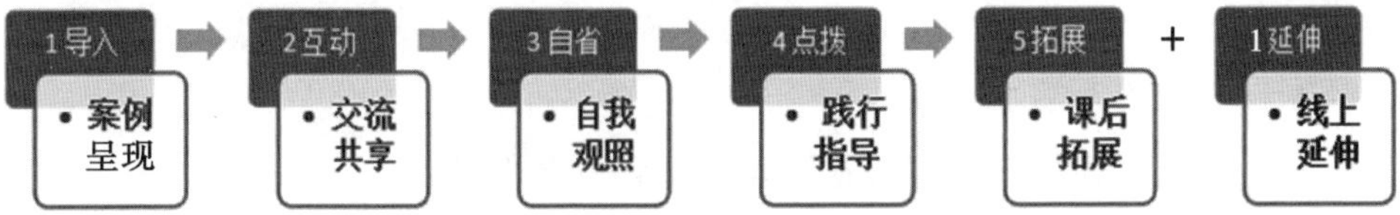

图 4.2 “5+1”案例教学模式

该模式融合案例剖析、现身说法、亲子互动、研讨交流、教材导读、家长互助、角色扮演、在线学习等形式，把家长培训办成实实在在的提升育人技巧的课程。

（4）“双线联动”开展培训，打破课程培训时空局限

信息技术 2.0 时代，信息技术的使用，成为了我们学习、生活等各个方面的强大助力，借助信息技术，我们尝试使用“线上 + 线下”双线联动的方法对家长开展培训，既包括传统的线下专家专题讲座、案例式课堂教学，也包括线上微讲座。通过多渠道、多形式开展培训，打破了家长培训时间与空间上的局限。

6. 生命教育视野下“案例式”家长课程的活动开展

通过专题讲座、案例教学、家教沙龙和引导家长自主阅读等方式安排好家长学校的授课，保证家长学校的教学工作做到依纲靠本，做到系统性与针对性相结合、知识的传授与能力培养相结合、培训与家长自学相结合。

（1）进行集体授课，互动共享。各实验班统筹安排阶段性工作，原则上各学校每学期集中进行家长培训不少于两次，采用“案例式教学＋家长会双师授课”开展授课活动。具体时间由各实验班统筹安排，采取现场会或视频方式进行集体授课。

（2）指导家长自学，自主提升。各班充分利用家长微信群、QQ群，转发关于家庭教育的文章，推送教育知识讲座或课件，指导家长贯彻落实《家长家庭教育基本行为规范》，用好各学段《家庭教育指导手册》，结合家访工作积极宣传相关法律法规、校纪校规和有关文件精神，努力培养专业型家长，引导家长讲好学校故事，讲好教育故事，进而形成家校共育的合力。

（3）“双线联动”教学，突破时空障碍。除进行面对面线下授课外，还应重视发挥信息技术平台的作用。由课题组成员或省工作室带动市、区及工作坊成员共同录制微课课程，在公众号推出，供家长、教师及孩子学习，有效提高家长学校的办学水平。

7. 生命教育视野下“案例式”家长课程的范例解读

在项目化理念下，课题组以《父母课堂》作为授课教材，借用其中的案例，对家长开展“案例式”教学。下面以五年级家长培训“教育新形势下家长如何正确定位角色助力孩子成长”为例，对项目化理念下的“案例式”教学模式进行解读。

（1）准备阶段：前期的调研与设计

在开展培训之前，我们通过网上调查，对家长需求进行调研，收集家长在家庭教育中存在的问题、需求及困惑，收集到的家长期望培训的情况如表4.3所示。

表4.3　家长期望培训情况统计

选项	小计	比例
能学到一些训练孩子的方法	455	81.40%
能在遇到挫折的时候调整好自己的心态	279	49.91%
能定位好自己的角色	177	31.66%
能减轻养育孩子过程中的压力	296	52.95%

续表

选项	小计	比例
能够更好地处理家庭关系	225	40.25%
能够更好地与老师沟通	255	45.62%
能学习亲子沟通的技巧	395	70.66%
其他	48	8.59%
有效填写人次	559	

针对收集到的情况，确立培训的核心问题为“能定位好角色”，从而确立了授课的主题为“教育新形势下家长如何正确定位角色助力孩子成长”。

（2）实施阶段：中期的实验与展示

实施阶段的准备和过程如表 4.4、表 4.5 所示。

表 4.4　实施阶段的准备

课题	教育新形势下家长如何正确定位角色助力孩子成长
《大纲》要求及教学目标	《全国家庭教育指导大纲》中指出：家庭教育指导应注重科学性、针对性和适用性，坚持三大原则：一是坚持“儿童为本”原则，二是坚持“家长主体”原则，三是坚持“多向互动”原则。7—12 岁学生家庭教育指导内容要点中指出，要指导家长重视养成教育，防止因为溺爱造成孩子的依赖性；给儿童创造劳动的机会，指导家长为儿童树立积极的人格榜样，创造健康和谐的家庭环境；帮助儿童养成良好的学习习惯和学习兴趣 教学目标： 1. 通过一些生活中的例子帮助家长对自身教育行为进行思考 2. 帮助家长正确定位自身的角色 3. 给出一些可行性的建议，促使家长做到理性、智慧地爱孩子
使用教材及案例内容摘要与分析	一、《父母课堂》：你怎么不跟好的比？ 案例： 一直以来，妈妈都非常关注王晨的英语成绩。这天放学，英语老师在微信群里布置了作业，并告知明天将进行英语单词听写，希望家长督促孩子做好复习。当天晚上，妈妈一直盯着王晨复习到八点半。第二天放学，王晨刚回到家，妈妈就迫不及待地问：“怎么样？今天英语听写有没有全对？” “没有。” “那对了几个？”妈妈已经有点儿不开心了。 “今天的听写太难了，总共 30 个，我写对了 18 个。” “你们班英语成绩最好的对了几个？”

续表

使用教材及案例内容摘要与分析	“不知道。” “那你说说都有哪些同学对得比你多？” “嗯……”王晨沉默。 “张思霖呢？王晓露呢？孙晓呢……”妈妈报出几个曾经听到过的名字。 “张思霖比我差，王晓露也没我对得多，孙晓跟我差不多。你怎么有那么多问题？你要真想知道去问老师吧，他比我清楚。” “你怎么不跟好的比，光跟差的比有什么意思？！”看王晨没好气地对待自己，妈妈已经怒气冲天，恨不得给他一个耳光。 分析： 教材中的家长无疑是关心和爱孩子的，关心孩子的学习，关心孩子的成长情况，担心孩子输在“起跑线”上，同时也极力为孩子树立榜样。但家长并没有把握好自身的角色定位，无法发挥成长引领者的作用，反而呈现出来的是极强的控制欲和过度关注孩子成绩的样态，本意是“激发孩子上进心”，结果却变成了打击孩子的自尊心与自信心，甚至可能还会影响孩子与同学之间的人际关系。 二、专家支招：《父母课堂》2020 年 5 月刊第 24 页《给予孩子优质的爱》。 分析： 通过向名家学习，掌握爱孩子的“度”与“法”。学习正确定位自身的角色，提升自身的修为，学会如何给孩子优质的爱。
家长学员及孩子基本情况分析	本次授课对象为小学段家长，本校处在城市化进程中的农村，家长素质参差不齐，部分家长缺乏家庭教育指导力，且在“双减”“五项管理”背景下，更是无所适从，对成绩的片面追求，导致很多家长在教育过程中出现教育缺位、错位、越位的情况。

表 4.5 实施阶段的教学过程

一、问题：付出最多爱的中国父母，却得不到孩子的尊重 思考： 中国父母在学生心目中的地位由此可见一斑，然而中国父母为子女付出的爱，毫不夸张地说是世界第一流的。但是，为什么付出最多爱的中国父母，却得不到孩子的尊重，而孩子们也声称感受不到父母的爱呢？ 二、自我观照，思考角色定位的误区 （一）角色越位 1. 家长角色越位的表现 （1）过度满足与过度控制 案例 1：孩子看中了什么东西，你不肯给，孩子就一哭二闹耍脾气，你会怎么做？

续表

案例2："双减"政策实施后，学校实施5+2教学模式，学生小明想在托管时间报名学校的画画班，小明的父亲一顿呵斥，一定要小明报名学校的数学思维训练班，小明又气又委屈 （2）纵容护短与主观臆测 案例：孩子放学回家，脸上有红色的抓痕，一问之下，孩子说是本班的小调皮小A打的，你会怎么处理？ （3）包办替代 父母的口头禅：你只要好好学习就好 2. 互动交流 （1）在上面三个环节中，教师引导家长进行讨论 （2）家长随机分享 教师给予恰当的评价，同时鼓励更多的家长积极发言，参与到课堂讨论中来（可以让家长互评发言，谈见解） 教师小结：越位，即父母对自己不该负的责任越界干涉 （二）角色缺位 缺位，即父母自己该履行的教育责任没有履行 （1）父爱缺位 （2）隔代抚养 （3）无效陪伴 （三）角色错位 1. 家长共读《父母课堂》案例 2. 互动交流 （1）教师引导家长进行讨论 （2）家长随机分享 3. 教师点拨 （1）孩子缺乏基本生活技能，教师担起了父母的责任 （2）孩子的文化知识需要帮助，父母担起了教师的责任 （四）播放录制的音频：孩子的心声 第一句：亲爱的爸爸妈妈，新一年请你们认真听我们说话，在我们与你们说话时，请不要找各种理由打断我们 第二句：亲爱的爸爸妈妈，当你们与我们沟通（教训）时，也请你们听听我们的辩解，让我们说说内心的话好吗？ 第三句：亲爱的爸爸妈妈，请不要一味关注我们的考试分数，请你们擦亮双眼，努力发掘我们的长处，认真表扬我们，你们的肯定和表扬对我们很重要。 第四句：亲爱的爸爸妈妈，请你们不要在人群中过分批评我、表扬我，我希望你们更多关注我的成长、我的进步、我的不足，而不是把我当商品一样炫耀来满足你们的虚荣。 ……

续表

三、阅读教材，加深理解“理智爱孩子”行为

（一）专家支招

师：父母要怎么做，才能不走进爱的误区，才能做到科学、理智地爱孩子呢？一起来看看专家给出的建议：

回顾案例：《父母课堂》案例——你怎么不跟好的比？细读文中引导

首先，“你怎么不跟好的比”言下之意是“你并不好，应该向好的看齐”，这极大地挫伤了孩子的自尊心和自信心。父母经常拿自己的孩子与别的孩子进行比较，会让孩子变得自卑，难以发挥自己的潜能。其次，父母经常说类似的话，给孩子灌输“你不如别人”的观念，会使孩子做什么事情都体会不到成就感。没有成就感，孩子自然就没有动力去完成下一件事，久而久之，孩子就会失去上进心。最后，很多父母在说“你怎么不跟好的比”这句话时，往往是希望能以此激起孩子的上进心。不可否认，这种出发点是好的，但可能诱发孩子的嫉妒心，影响孩子与同学的正常交往。

父母正确的做法是应该引导孩子“和自己比”，而不是“和别人比”。例如，拿孩子这次的成绩和上次的成绩进行纵向比较。此外，如果确实觉得别人家的孩子在某一方面值得自己的孩子学习，最好先对自己孩子表现好的方面给予表扬和肯定，然后再客观分析别的孩子表现比较好的方面，之后才在此基础上建议孩子学习别人的长处。这样孩子会比较容易接受。

（二）阅读《父母课堂》2020 年 5 月刊《给予孩子优质的爱》

分享：

（1）激发和满足成长的激情

（2）充分挖掘性格的力量

（3）父母要提升自己的修为

（4）培养孩子的专注力

四、交流分享，化“理智的爱”为具体行为

“双减”政策落地不单单是学校的事，它需要家庭、学校、社会共同努力，协同推进。三者要相互支持、共同配合，才会形成合力。不能缺位、错位以及越位。不能学校“双减”，家庭“加负”。那么家长有哪些可以做的呢？

（一）家长分享

1. 主要通过视频或现场分享家长科学、理智爱孩子的故事

（1）孩子遇到挫折，家长陪伴、鼓励，引导战胜挫折的例子

（2）孩子与家长发生冲突，家长自我反思，冷静寻找化解冲突办法的例子

2. 教师点评

合理运用以下方式方法：

（1）亲自养育，加强亲子陪伴

（2）共同参与，发挥父母双方的作用

（3）相机而教，寓教于日常生活之中

（4）潜移默化，言传与身教相结合

（5）严慈相济，关心爱护与严格要求并重

（6）尊重差异，根据年龄和个性特点进行科学引导

续表

（7）平等交流，予以尊重、理解和鼓励 （8）相互促进，父母与子女共同成长 （9）其他有益于未成年人全面发展、健康成长的方式方法 （二）教师讲授 1. 做孩子成长的陪伴者 有位主持人曾说过这样的话：等我女儿长大了，我会告诉她，跟那个可以开车送你、生病陪你、吃饭带你、下班接你、跟你说“这破工作别干了，跟我回家”的人在一起。 这段话表达的是陪伴的重要性，成人尚且如此需要，更不用说成长中的孩子了。建议家长做到： （1）从“陪孩子玩”转变为“和孩子一起玩” （2）从“敷衍了事”转变为“全力以赴” （3）每天给孩子 3 个“3”：3 秒钟的拥抱，3 分钟的聆听，30 分钟的陪伴 （4）双职工家庭的周末陪伴 作为家长，需要放下架子，回家后放下工作，多陪孩子游戏、说笑、娱乐，增加亲子互动的机会，促进亲情的和谐发展 2. 做孩子角色形成的引领者 父亲应着重培养孩子的以下方面： （1）规则意识的培养 （2）劳动技能的培养 （3）情感支持 母亲应从以下几方面入手： （1）生活习惯的培养 （2）不做情绪化的妈妈 （3）不做唠叨的妈妈 （4）学会示弱 （5）性别意识培养 3. 做静待花开的守候者 （1）阅读《父母课堂》2020 年 3 月刊《叛逆期，女儿和我成了“仇人”》 （2）阅读分享：给予孩子充分的尊重，让孩子“试错” 4. 做培养学习习惯的助力者 （1）培养孩子良好的学习习惯 ①勤于思考的习惯 ②用正确姿势书写的习惯 ③不懂就问的好习惯 ④做完作业细心检查的习惯 ⑤阅读的习惯 ⑥提前预习的习惯 ⑦主动识字的习惯

续表

（2）培育孩子良好的阅读习惯 ①寻境——营造"悦读"环境 ②寻伴——选好阅读同伴 ③寻法——寻有效阅读方法 ④寻趣——体验阅读乐趣 5. 做学校教育的合伙人 （1）帮助老师全面了解孩子，给孩子树立榜样 教育是不能回归原点的事业，不能摸着石头过河，孩子也不是小白鼠。 （2）帮助老师树立一定的威信 ①以身作则做好孩子的榜样 ②客观对待孩子反映的问题 ③为孩子选择适当特长培养 ④帮助老师全面了解孩子经典语录 五、总结 智慧的家长站在孩子的背后鼓掌，愚昧的家长站在孩子的前面数落，让我们一起好好学习，天天向上，定位好自身的角色，做孩子成长的引路人。	
小结及延伸学习设计	1. 延伸阅读：《父母课堂》2020 年 6 月刊《给予孩子 优质的爱》。 2. 家教微语录：《父母课堂》2020 年 3 月刊第 31 页 3. 撰写活动感受或教育心得

（3）后期的反馈与修正

①对授课结果进行匿名问卷反馈，由家长填写问卷，便于及时进行内容、方式的调整。

②家长针对课程内容撰写学习心得，或制作家教小报等。

学生刘彦琳家长说：感谢《父母课堂》，让我懂得作为家长不能光满足孩子的吃、穿、花销。更重要的是了解孩子的精神需要，与孩子多沟通，并用正确的话语引导孩子，学会细心观察孩子的变化，了解孩子的真实想法，与孩子平等交流，让她充满欢欣地爱自己、爱家人、爱师长同学，学会用爱的眼光看世界，让她全心全意地信赖自己，享受生命中的每一天。

学生陈泽彦家长说：不记得孩子从哪天开始拿回一本书——《父母课堂》。起初也没有仔细看，有一天，静下心来，随手拿起这本书，一下子就被它所吸引，从此一发不可收拾，每期必读。我从中学习到不少教育孩子的知识，受益匪浅。通过阅读让我明白，我应该把总是用眼睛盯着孩子变为不断反思和改变自己的教育行为，注意提升自己，才是解决孩子问题的关键要素。家长应做一个实践现代教育理念的学习者。

四、“主题式”亲子活动课程的构建

亲子活动课程是创设父母与孩子互动的活动，有目的、有计划地让家长在互动活动中受教育。亲子活动课程是家长教育的活动课程，它是以活动来教育家长的，具形式多样、趣味性强、亲子平等、气氛和谐等特点。在活动中，家长在教育观念、亲子态度、教育方式等方面的问题会暴露无遗，由此进行有针对性的价值指导，会让家长在轻松的状态下接受多方面的教育。

（一）“主题式”亲子活动课程的开发理念

“主题式”亲子活动课程体系构建基于“共同成长”的理念，旨在打造生命成长共同体，推进亲子互动，让教师通过亲子互动活动，更清楚地了解学生的个体发展特点和个体需要，了解家长的教育观及对孩子的指导方式，及时调整自己的教育理念与方法，更好地做到因材施教。让家长参与到班级建设中来，参与到活动打造中来，能够更直接地了解孩子在集体中的表现，正确评价孩子的发展水平，增进亲子间的感情交流及合作，更有的放矢地进行家校合作。同时，“主题式”亲子活动能够让孩子感受到学校如家庭般温暖，产生更强的安全感和大胆探索的勇气，并在亲子活动中得到全面发展。

（二）“主题式”亲子活动课程的主题选择

“主题式”亲子活动课程的主题选择立足时代热点，兼顾区域特点，充分挖掘区域红色教育资源，聚焦于家长进课堂活动、红色研学活动、隔代互学活动三个主题，形成系列化课程。通过“家长进课堂活动”发掘出一大批高素质、有专长的家长，既提高了其参与的热情，也为家长学校师资团队提供了有力的人才支撑。通过“红色研学活动”挖掘地域文化资源，进行爱国主义教育，培养文化自信，拓宽孩子社会参与面，培育核心素养。通过“隔代互学活动”改善留守儿童或隔代抚养儿童与隔代长辈的关系。

（三）“主题式”亲子活动课程的活动模式

“双减”背景下，学校广泛链接家长资源，探索家校协同课程，开展“家长进课堂”特色课程活动，招募“家长老师”，请家长走进学校、走进课堂。来自不同行业的家长充分发挥自己的专长，为孩子们带来精彩纷呈的课堂盛宴。课题组老师提炼亲子活动模式，包含前期的主题及授课人员筛选、中期的活动开展、后期的成效反馈，项目化、科学化地推进特色课程。如图 4.3 所示。

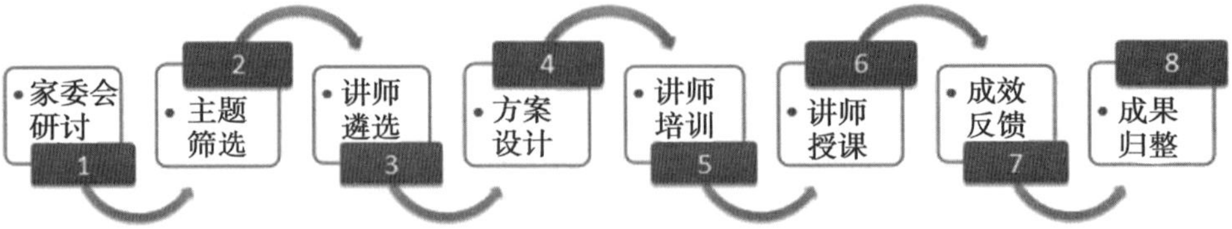

图 4.3　家长进课堂活动模式

家长进课堂活动在内容设置上以“同趣”为宗旨，围绕爱国主义教育、生命教育、自主学习、劳动教育、传统文化等主题开展教学，辅以授课方案、课件及学生学习效果作品，供广大家长、班主任学习，如表 4.6 所示。

表 4.6　家长进课堂活动内容设置

序号	主题	年段	课题	目标
1	爱国主义教育	408 班	走进部队生活，感受军人风采	感受军人不一样的风采，懂得珍惜和平年代的幸福生活，做爱国、奋进、守纪的新时代好少年
2		104 班	秉华夏信仰，颂祖国辉煌	歌颂祖国的伟大与辉煌，培养学生爱国情怀，坚定华夏信仰
3	生命教育	407 班	请党放心，强国有我	增强孩子的爱国意识与历史责任感
4	自主学习	505 班	书香浸润心灵，悦读伴我成长	指导孩子合理安排课余时间，学会读书，爱上读书
5	劳动教育	东三小学全体学生	重阳做贴画，传承好文化	开展“九九重阳节，浓浓敬老情”活动，在宣扬中华民族传统美德的同时，培养儿童尊老、敬老的优良习惯，让儿童学会关心老人，尊敬老人
6		东三小学全体学生	传承农耕文化，共享丰收之乐	培养小朋友尊重劳动、热爱生活、爱惜粮食的良好习惯，让孩子们真正融入自然、亲近自然、感恩自然、健康成长
7	传统文化	201 班	传播手拉壶技艺，弘扬潮州非遗文化	通过活动，培育和弘扬工匠精神，传承中华优秀传统文化
8		610 班	知其一还要知其二，知韩敬韩还要师韩	从潮州的旅游景点韩文公祠引入，讲述韩愈的故事，培养学生爱乡情感，增强文化自信

家长进课堂活动由家长来校给孩子们上课。在实践中，408 班开展“走进部队生活，感受军人风采”课程，由退役军人张炘彤爸爸讲授。在课堂上，他为孩子们讲述部队的生活，讲授安全救护知识，教唱军歌。通过一系列活动，让同学们感受到军人的风采，懂得珍惜和平年代的幸福生活，做爱国、奋进、守纪的新时代好少年。201 班开展“传播手拉壶技艺，弘扬潮州非遗文化”课程，由吴骏琦爸爸讲授。他是百年老字号“源兴炳记”第六代传人、非遗手拉壶传承人，他借助课件、实操，向同学们讲述手拉壶制作过程，还现场让同学们尝试制作。通过活动，培育和弘扬了工匠精神，传承了中华优秀传统文化。610 班开展“知其一还要知其二，知韩敬韩还要师韩”课程，由何彦融爸爸讲授。他从潮州的旅游景点韩文公祠引入，讲述韩愈的故事，培养学生的爱乡情感，增强其文化自信。

家长授课时，班主任邀请其他家长到现场观摩，家长们也会参与到活动中来，有的负责拍照，有的负责撰写简讯，每节课结束后，他们会把课堂现场照片上传班群。这是家长之间传递温暖的时刻，上课的家长感受到走进课堂为孩子们服务、共同成长的价值，有助于构建学校内部与外部交错相连的课程资源开发网络，凸显课程资源开发的整体效应和优势，同时为家长和老师搭建互动交流、互相学习的平台，家长有成就感、学生有获得感、老师有幸福感。

家长进课堂活动的开展，一方面，让家长亲身体验和认识了教师工作，发挥了自身的专业特长；另一方面，让学校解决了专业教师的短缺问题，也避免了家长在课程开发中的责任缺位，还兼顾了学生的多样化需求，丰富了学生的学习生活，提高了学生素养，突显了校本课程特色。

五、“主题式”亲子活动方案及课例

408 班“家长进课堂”主题活动方案

活动主题：走进部队生活，感受军人风采

活动目的：让同学们了解部队严格的管理制度，感受军人们生活的简朴、训练的热情、意志的坚强，提高同学们的爱国热情和纪律意识。

活动时间：10 月 28 日

活动地点：408 班教室

听课人员：408 班全体同学、班主任老师、家长委员会成员

授课者：张炘彤爸爸

活动过程：

一、开篇：自我介绍

张炘彤爸爸做自我介绍，引出“走进部队生活，感受军人风采”活动主题。

二、观看阅兵式视频

播放新中国成立 72 周年阅兵式的视频，让学生感受军人英姿飒爽、身姿矫健的风采。

三、介绍部队生活

1. 整理内务

课件展示部队军人整理内务的图片，让学生感受军人行动军事化。

2. 集训

课件展示部队军人集训场景的图片，让学生感受训练过程的艰辛。

3. 站岗

课件展示部队军人站岗场景的图片，让学生明白站岗的意义和责任，感受部队纪律严明。

4. 学习站军姿

张炘彤爸爸示范讲解站军姿的各项要点，并在现场开展“站军姿大比拼”活动，让学生认真体验“1 分钟站岗”，从而锻炼学生的意志力。

四、学习安全急救知识

1. 课件展示急救的基本知识和一些常用的应对措施，培养学生自我保护意识。

2. 互动游戏：安全急救知识竞答，更全面地了解和巩固安全急救常识。

五、急救现场演练

家长与学生合作，演练气道异物堵塞、中暑、烫伤等发生时的急救措施，让学生更好地掌握基本的急救技能，提升自救与施救的能力。

六、学唱军歌

1. 观看部队拉歌活动的视频。

2. 张炘彤爸爸教同学们唱军歌《当那一天来临》。

活动寄语

通过活动，同学们感受到了部队纪律的严明和军人别样的风采，希望大家珍惜和平年代的幸福生活，做爱国、奋进、守纪的新时代好少年。

走进部队生活，感受军人风采

——408 班“家长进课堂”主题活动课

都说军人是最可爱的人，因为他们将祖国的嘱托、人民的安危牢记在心。为了让同学们了解部队严格的管理制度，感受军人生活的简朴、训练的热情、意志的坚强，更好地提高同学们的爱国热情和纪律意识，我们 408 班于 10 月 28 日下午在本班教室开展一场别开生面的主题活动课——走进部队生活，感受军人风采。

Part 1 活动前准备

为了开展此次活动，408 班的热心家长在班主任佘老师的带动下，积极探讨交流，确定了“走进部队生活，感受军人风采”的活动主题。有过从军经历的张炘彤爸爸主动请缨，为同学们授课。佘老师和家长们利用空余时间，一起研讨，设计授课方案，制作课件，准备活动道具，并利用晚上休息时间到学校排练，为活动顺利完成做好准备工作。

Part 2 准备就绪，活动开始

10 月 28 日下午，活动顺利在 408 班教室开展。佘老师给同学们分发小国旗，同学们贴着鲜艳的五星红旗脸贴，个个神采飞扬，心潮澎湃。活动在庄严的阅兵式视频中拉开了帷幕。

Part 3 介绍军人的日常生活

张炘彤爸爸根据自己的从军经历，向同学们介绍了军人在日常生活中如何整理内务、集训和站岗。同学们在张炘彤爸爸绘声绘色的讲解和生动的部队生活图片展示中，感受部队严明的纪律和军人的本色。

Part 4 学习站军姿

为了让同学们更好地体验站岗，张炘彤爸爸示范讲解站军姿的各项要点，并在现场开展"站军姿大比拼"活动。同学们分成四个小组，比赛规则是姿势要标准到位，身体不能动。为了小组荣誉，同学们个个神情专注，站得笔直，认真体验了"1 分钟站岗"。在这个环节，同学们锻炼了自身的意志力，切身体会了军人矫健身姿背后所付出的辛苦。

Part 5 学习安全急救知识

张炘彤爸爸为了让同学们了解急救的基本知识和一些常用的应对措施，培养同学们的自我保护意识，在接下来的环节中，他将自己在部队里专修的安全救护知识通过课件展示，为同学们一一做了讲解。活动现学现考，张炘彤爸爸设置了一个有趣的急救知识问答小游戏，同学们踊跃抢答，在游戏活动中更好地了解和巩固了安全急救常识。

Part 6 急救现场演练

急救现场演练是活动的重要环节。张炘彤爸爸与同学们合作，演练了气道异物堵塞、中暑、烫伤等发生时的急救措施，现场气氛热烈。同学们通过亲身体验基本动作，掌握了基本的急救技能，提升了自救与施救的能力，有助于更好地保障生命安全。

Part 7 学唱军歌

军歌是军队基层文化工作的重要组成部分，是展现部队精神文明建设和战士精神风貌的一种途径。活动最后，张炘彤爸爸教同学们唱军歌《当那一天来临》。同学们热情高涨，挥动手中的小旗子，跟着张炘彤爸爸学唱。嘹亮的军歌在美丽的校园里回荡，爱国的情怀烙印在每个同学心中。

Part 8 活动寄语

"放心吧祖国，放心吧亲人，为了胜利，我要勇敢前进……"此次主题活动课在同学们激昂的歌声中画上圆满的句号。张炘彤爸爸希望同学们通过活动感受军人不一样的风采，懂得珍惜和平年代的幸福生活，做爱国、奋进、守纪的新时代好少年。

活动策划：佘老师

视频制作：心妍爸爸

撰稿：心妍爸爸、忻悦妈妈

走进部队生活，感受军人风采

——"家长进课堂"活动心得

408班　杨依霖

10月28日是个特别的日子，因为今天我们班里来了一位特别的老师——张炘彤同学的爸爸。他是一名退伍军人，他将带我们走进部队生活，感受军人风采。

张叔叔首先带领我们观看了国庆阅兵式，让我们感受了英姿飒爽、身姿矫健的军人风采。接着张叔叔给我们介绍了部队生活，他先给我们展示了军人整理内务的图片，卧室里的东西都收拾得整整齐齐，一切都那么井然有序。我们要向他们学习，学会生活自理，学会自立自强。然后，张叔叔介绍了军人站岗，让我们看到军人的风采。我们还通过体验"1分钟站岗"，体会到军人坚强的意志。我们也要学习军人的坚强与自律。

最让我们印象深刻的是安全急救知识这个环节。张叔叔不仅为我们讲解了安全知识，还现场为我们做急救演练。在演练中，我们通过亲身体验，学习了基本的急救技能，并在激烈的抢答环节中，巩固了自救与施救的知识。唱军歌是部队生活的一部分，它能陶冶情操，丰富部队生活。最后，张叔叔教我们唱军歌《当那一天来临》，活动在我们激昂的军歌声中结束了。

通过这节特别的主题活动课，我们感受到了部队纪律的严明和军人坚强、爱国的品质。我们要向军人叔叔学习，坚强自立，懂得珍惜现在的幸福生活，好好学习，做爱国、奋进、守纪的新时代好少年。

“家长进课堂”活动心得体会

408 班　李忻悦

10 月 28 日，408 班的同学们迎来了期待已久的“家长进课堂”活动。本次活动的主题是“走进部队生活，感受军人风采”，授课者是张炘彤爸爸。

张炘彤爸爸是一名退役军人，在活动中，他给我们讲述了军人日常生活、训练站岗的场景。军人叔叔们无论风吹日晒、严寒酷暑，每天都要进行高强度的严格训练，他们时刻准备着，在国家有困难的时候，奋战在第一线，保卫国家和人民的利益，即便牺牲自己的生命。

课堂中，叔叔为同学们讲解了有关安全自救的小知识，丰富了大家的安全自救常识，手把手教我们在遇到气道异物堵塞、中暑等紧急情况下，如何采取急救措施挽救生命。

最后，叔叔教我们唱军歌《当那一天来临》，同学们热情高涨，嘹亮的歌声在校园里回荡……

在这次活动中，我们不仅学到了急救的知识，更深刻地感受到军人们在部队训练的艰辛，以及他们坚持不懈和保家卫国的精神。我想：在今后的学习生活中，我们要向军人学习，严格要求自己，刻苦学习，做爱国、奋进的好少年，长大后为祖国奉献自己的一份力量。

六、红色研学特色课程

近年来，研学成为中小学乃至社会生活的热点。作为学校教育和校外教育衔接的创新形式和综合实践育人的有效途径，如何带领学生通过研学增长见识、开阔眼界、了解国情，贯彻社会主义核心价值观，落实立德树人根本任务？在建党 100 周年之际，课程组老师立足学校背景，联合家长，创新形式，开展亲子研学活动，以此庆祝建党 100 周年，积极培育和践行社会主义核心价值观，让学生充分感悟新时代赋予的新使命，培养学生听党话、跟党走，传承红色基因，争当红孩子。

（一）策划红色研学特色课程活动

从动员家长委员会进行主题征集，到确定主题设计方案；从家长委员会成员分工策划活动，拟定方案，到开展研学活动；从活动反馈、学生在班里进行成果展示，到最终的资料归整。课题组老师积极推进红色研学特色课程开展。策划流程如图 4.4 所示。

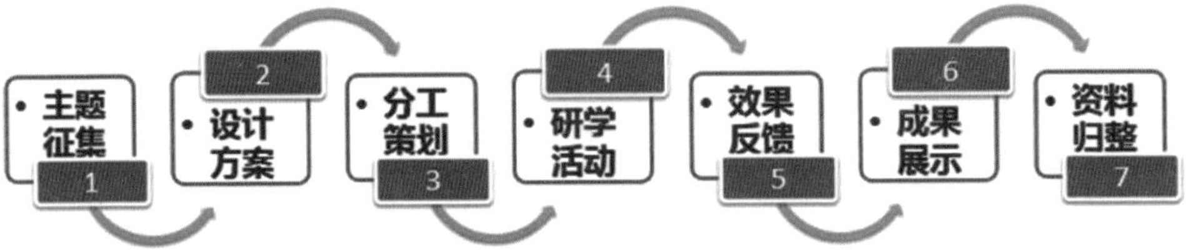

图 4.4　红色研学特色课程活动策划

（二）形成红色研学活动特色课程

课题组依托本地资源，有计划、有组织地开展"亲子瓷都探访"活动。参观潮州市中国瓷都陈列馆，观赏种类众多、琳琅满目的陶瓷精品；参观陶瓷教育基地，了解瓷器的制作过程；走进工厂、小作坊，进行陶艺制作，体验制作的乐趣。孩子们在家长的陪伴下，感悟地域文化，感受枫溪人民的勤劳聪明，激发其对家乡的热爱之情，树立长大为家乡服务的责任感和使命感。红色研学活动特色课程如表 4.7 所示。

表 4.7　红色研学活动特色课程

序号	主题	年段	课题	目标
1	传统文化	606 班	寻访家乡文化，感受家乡辉煌成就	了解家乡文化，感受家乡辉煌成就，热爱家乡，传承家乡文化
2		602 班	寻访家乡文化，感受家乡辉煌成就	培养学生的爱国主义情操，把爱国的种子埋入学生的心灵深处，让学生了解家乡特色文化，感受家乡辉煌成就，培养热爱家乡的情感
3		510 班	赏瓷都珍宝 做传承新人	观赏陶瓷精品，感受精益求精的工匠精神；了解枫溪为潮州发展成为中国瓷都做出的重大贡献

续表

序号	主题	年段	课题	目标
4	环境保护	101 班	爱我潮州，护我韩江	弘扬爱国主义精神，帮助家长深入与孩子的交流、交往，增加家长与孩子之间的感情，促进和谐的亲子关系，从而营造孩子健康成长的氛围。增进家长与家长之间的交流，提高家长育儿的技能
5		301 班	相约春天，争做爱绿护绿小使者	贯彻落实“绿水青山就是金山银山”的生态理念，呼吁每人种下一棵小树，为世界增添一点绿，争做爱绿护绿小使者
6		404 班	追寻红色足迹，感受红色情怀	童心向党，传承红色基因
7		307 班	追思先烈，致敬英雄	积极培育和践行社会主义核心价值观，让队员们充分感悟新时代赋予的新使命，培养学生听党话、跟党走，传承红色基因，争当红孩子
8		东三小学全体学生	百年砺行，“童”心向党	庆祝伟大的中国共产党成立 100 周年，深入贯彻落实习近平总书记在党史学习教育动员大会上的重要讲话精神。学党史，悟思想，传承红色基因，弘扬革命精神，增强“四个自信”，激发爱党之情，厚植爱国情怀，争做中国特色社会主义事业建设者和保卫者

（三）开展红色研学活动特色课程

课题组携手家长委员会多次开展亲子研学活动。各班在家长委员会的组织下，带着孩子走出校园开展活动。如到红山森林公园开展亲子植树活动，学生与家长一起种下一棵小树，自觉植绿爱绿护绿，践行“绿水青山就是金山银山”理念；亲子共游滨江，一边亲近大自然，一边捡拾垃圾，用实际行动发扬雷锋精神，践行环保理念；到潮州西湖人民英雄纪念碑，开展“缅怀先烈、致敬英雄”活动，祭奠英烈，寄托哀思，表达对英雄的深切追悼之情；到广济桥、饶宗熙学术馆、牌坊街等参观，感受古城文化……通过活动，拉近了学生和家长的距离，增进了亲子感情和同学情谊，以学生带动家庭、以家庭带动社会，培育了社会责任感、创新能力和实践能力，强化了家校互利效应。

（四）红色研学特色课程活动范例

追寻红色足迹，感受红色情怀

——枫溪小学404中队研学方案

一、活动指导思想

为深入贯彻习近平新时代中国特色社会主义思想，庆祝建党100周年，深入开展扣好人生第一粒扣子系列活动，积极践行社会主义核心价值观，班级开展“童心向党，传承红色基因”亲子研学活动。

二、活动主题

童心向党，传承红色基因

三、活动目的

以中队为单位，由家长委员会牵头，开展亲子研学活动。通过活动，增进亲子感情，增强同学情谊，促进家校和悦共育；通过活动，探索家乡红色基地，追寻家乡的红色足迹，致敬先烈，传承革命理想；通过活动探索家乡的特色文化，培养对家乡的情感，牢记红领巾使命，把红色基因一代一代传承下去，争当党的红孩子。

四、活动时间

2021年4月17日（星期六） 下午3:00

五、活动地点

抗日游击队员王炳荣家大院——英塘村紫凝轩

六、参观人员

404班21位少先队员及其家长。

七、活动内容

参观革命根据地，观看“紫凝轩书斋”革命史展览，听红军故事，接受党的革命传统教育，感受革命先烈百折不挠、英勇顽强的英雄主义气概。

八、注意事项

1. 每人请自备口罩一个。

2. 学生统一着装：穿校服、戴校章、系红领巾、穿小白鞋，自备笔记本和笔。

3. 手机及相机请自行保管好，如有丢失，概不负责。

4. 研学活动由家长自行接送，必须准时到达，到场后要有序参观，服从工作人员及老师安排，过程中不得擅自离开团队活动。

九、研学延伸

1. 每个学生写一篇 100 字左右的研学心得，周一上交。

2. 请每位家长制作一份电子版的研学成果报告。

十、活动寄望

耿耿丹心、悠悠青史，峥嵘岁月、光辉足迹。重温红军路，童心跟党走。通过本次活动，让同学们感悟到，积极向上、永不放弃、阳光自信是我们这一代年轻人需要具备的精神。

十一、研学成果展示

研学小报

研学心得

404 班 陈楷博

2021 年 4 月 17 日，周六下午。学校开展了红色革命基地研学活动，我们 404 班中队的队员在老师、父母的带领下，怀着崇敬的心情参观了革命战士王炳荣爷爷家的大院——紫凝轩。

紫凝轩位于枫溪区英塘村，建于明末清初，占地约 1150 平方米，灰瓦平房，是英高厦地下革命斗争的秘密基地。

王炳荣的孙子王武平给我们讲述了紫凝轩抗日的故事，讲述了游击队员在艰苦的环境下怎样跟日军斗智斗勇。

通过这次活动，让我了解到革命战士的英勇不屈和对革命的始终如一。让我明白了我们今天幸福的生活都是老一辈用鲜血换来的。我们要好好学习，学习革命前辈的优良品质和革命精神，争做新时代好少年。

研学心得

404 班　佘雅涵

2021 年 4 月 17 日周六下午，学校开展了研学活动，我们 404 班中队的队员们怀着好奇心，参观了潮州红色基地——紫凝轩，它位于英塘村。

通过参观，我知道了王炳荣的壮举。1939 年 10 月，汕青游击队根据英塘情报组提供的情报，决定在云步市活捉日军队长。7 日清晨，在汕青游击队副队长黄玉屏带领下，侦察班陈忠心、李朝道、王炳荣假装去云步市赶集，林克清、许英各带一分队在村外接应。早上，日军队长加藤始助到云步市吃霸王餐。李朝道把加藤始助夹住，懂得拳术的王炳荣勇敢地冲向前，将加藤始助打晕。游击队成功地活捉了日军队长，王炳荣也在这次任务中立了一等功。

许许多多的红色革命故事，让我的心灵受到了鼓舞。是革命先辈用鲜血和生命换来了我们的美好生活，我们要好好珍惜，要继承和发扬革命先辈的爱国精神和革命精神，争做时代先锋，做祖国新一代的栋梁！

七、隔代互学特色课程

随着时代的发展，一些年轻家长或者因为自己的工作繁忙，或者因为其他原因而把孩子的教育、生活等责任推给了老人，这些老人成为全面照顾第三代的“现代父母”。这的确让年轻一代的父母获得了更多的时间去忙工作，但由于隔代亲，老人在家庭教育中容易出现过分保护、包办代替等溺爱现象，也容易由于沟通不良、教育能力有限出现只养不教的现象。那么，如何让家长在懂得隔代教育利弊的同时能更好地发挥隔代教育优势，解决隔代教育的问题，我们策划了隔代互学的活动，形成了特色课程。

（一）策划隔代互学特色课程活动

隔代互学特色课程的策划流程如图 4.5 所示。

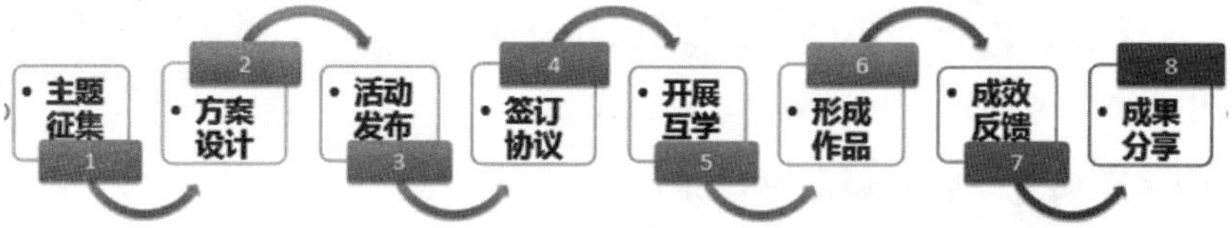

图 4.5 隔代互学特色课程活动策划

（二）形成隔代互学特色课程

基于实验班所处地区的特点，也考虑到活动开展和成果展示的可行性，负责隔代互学活动的子课题组结合调查问卷和在线讨论的相关内容，在班级中开设“隔代小学堂”，建立起“孙辈教，祖辈学”和“祖辈教，孙辈学”两条互学线，如表 4.8 所示。

表 4.8 “隔代小学堂”特色课程

序号	主题	形式	
		孙辈教，祖辈学	祖辈教，孙辈学
1	菜园子课	教爷爷奶奶利用手机上网学习“菜园子”种植技术等	在爷爷奶奶的陪伴下认识一种农具、一种蔬菜，合作完成一份蔬菜拼盘
2	防疫小课堂	跟孩子学习如何正确使用口罩	跟爷爷奶奶学物品消毒
3	方言、普通话对对碰	跟孩子学习普通话	跟爷爷奶奶学方言
4	“老时光”和“小时光”对对碰	使用手机录制视频	跟爷爷奶奶学挑花线、跳皮筋、挑游戏棒、滚铁环、丢沙包等游戏
5	技能互学	教爷爷奶奶使用电子设备	跟爷爷奶奶学厨艺、学种植技术
6	中西文化大融合	教爷爷奶奶学英语	跟爷爷奶奶学习毛笔字、中国象棋
7	认识生活工具	教爷爷奶奶学习使用血压计、电子体温计	跟爷爷奶奶学习认识、使用电子秤和传统秤，认识传统农具
8	红色教育	跟爷爷奶奶分享心中或身边的“偶像”	跟孩子分享红色革命故事

（三）开展隔代互学特色课程

通过一系列活动的引导和开展，祖辈们开始有意识地探寻互学的新领域；家长在重视成绩之外，开始关注学生的身心协调发展；教师也在设计和开展活动中，找到了家校合作、隔代教育的新方向。教师、祖辈（家长）、学生在“隔代小学堂”中都实现了不同程度的成长。

（四）隔代互学特色课程活动范例

隔代互学长本领

一、活动目的

让家长在懂得隔代教育利弊的同时能更好地发挥隔代教育的优势，解决隔代教育的问题。

二、活动主题：隔代互学

三、活动时间：2021 年 1 月 10 日至 2 月 10 日

四、活动地点：学生的家中

五、参加人员：学生及其爷爷奶奶

六、活动过程

1. 家庭成员讨论参与互学活动的人员。

2. 了解孩子与长辈喜欢的项目，明确活动项目及时间安排。

3. 制定活动方案，爸爸妈妈负责记录，完成“隔代互学　共享天伦”讨论表。

七、活动反馈：隔代互学，我们和祖国共成长！

隔代互学活动安排

四季流转，盛世如约。在醉人的秋色中，2020 年的国庆与中秋不期而遇。山边小学一年级组以“童心向党”为主题，综合融通了学科资源及家长资源，设计了一系列有趣的国庆假期实践活动。

一、走进农耕文化，享受自然之乐

劳动是促进社会发展之动力，是人成长所需之课堂。跟着爷爷奶奶学种菜给孩子提供了一个体验的平台，不仅让孩子在活动中培育了劳动观念，体

验了生活，还增强了孩子的社会责任感。

1. 向爷爷奶奶讨教如何种菜

（1）施肥。

（2）用锄头松土，不断地把地下的土翻上来。看我挥舞着锄头卖力地整理土地，是不是很厉害？

（3）播撒种子。

第一次种菜圆满成功，接下来就是期待它们快快发芽啦！

还有的小朋友和爷爷奶奶学种蒜。大蒜是我们生活中常见的蔬菜，很多人在做菜的时候都会放入大蒜，那么大蒜怎么种植呢？奶奶说首先要整地，地要细耕。然后选择个头较大、色泽较好的蒜头，在田里按照行、列排好顺序，最后盖上一层薄土，大约一个星期就会发芽啦。

也有的小朋友跟着爷爷奶奶把蒜种植在花盆里。只要轻轻地把它放入土中，浇点水就好啦，看看我是不是学得有模有样呢！

除此之外，小朋友们还跟爷爷奶奶在菜园里认识了很多蔬菜。原来这是小葱呀，我开始以为它是小草呢！

2. 小老师大智慧，隔代互学显身手

假期“小老师课堂”正式开讲啦！我们的小朋友通过口头语言向爷爷奶奶传授自己学过的古诗、汉字、拼音，他们认真、卖力、有耐心，小老师当得像模像样。爷爷奶奶们学习兴趣浓厚。

今天教爷爷奶奶一首古诗，爷爷奶奶要认真跟我读哦，发音要标准。

外公外公，几十年不读书了，我来给你当小老师吧，看看，能不能好好地和我一起读呢？

隔代互学，传承文明。

在互学互教过程中，

祖孙两代人和祖国共成长，

与时代共进步！

八、"主题式"家长学校师资团队培训课程的构建

（一）"主题式"家长学校师资团队培训课程开发理念

枫溪小学为全国优秀家长学校，近几年来，积极贯彻落实习近平总书记关于"要重视家庭建设，注重家庭、注重家教、注重家风"重要讲话精神和教育部《关于加强家庭教育工作的指导意见》文件要求，始终把发展家庭教育作为落实立德树人根本任务的重要抓手，力求通过开办家长学校教育突破传统教育观念，打造"同趣同向"的家校育人共同体。依托工作室，课题组成立了以专家学者、优秀班主任、优秀教师和育子有方的优秀家长代表为组员的家长学校"三师"讲师团，为家长授课或开展有针对性的专题讲座培训，形成系列主题课程，提升家长家庭教育素养。

（二）"主题式"家长学校师资团队培训课程目标建设

一是提升师资团队专业素养，发挥家庭教育指导者的作用，使家庭教育中的问题能够得到科学诊断与有效诊治，助力家长科学家教，引导青少年健康成长；二是培养梯队讲师团队；三是形成系列"主题式"家长学校师资团队培训课程资源。

（三）"主题式"家长学校师资团队培训课程构建

师资团队培训课程内容的设计既显示共性、规律性的东西，包含教育学、心理学、家庭教育学等研究规律、表述共性的课程；又有了解当下、关注个案、关注班级、关注家庭以及学生成长个性化的东西，实现课程内容共性与个性的融合，并呈多样性、阶段性、发展性、持续性。"主题式"课程如表 4.9 所示。

表 4.9 “主题式”家长学校师资团队培训课程（讲座）

序号	主题方向	课程（讲座）主题
一	“家长资源运用”主题课程	1. 家校合育现状思索与有效沟通
		2. 强化班级德育活动赋能学生成长
		3. 班主任指导家庭教育的有效策略与方法
		4. 班级委员会的建立
		5 借家长委员会架合育桥梁，促家校共育
		6. 家校沟通——让我成长让我忧
		7. 正向沟通——让家校联系开出“和平”之花
二	“共育评价体系”主题课程	8. 新时期家校共育多元评价体系的构建
		9. 和悦共育评价助成长
		10. 小学生多元评价的设计与操作
三	“班级文化构建”主题课程	11. 发挥班级文化在德育中的作用
		12. “绿苗班”的班级显文化构建
		13. 小学高年级“悦文化”班级文化建设
		14. 小学高年级班级文化建设策略
		15. “向日葵”中队班级文化的构建
四	“强化常规管理”主题培训	16. 心理效应在班级管理中的影响与应用
		17. 低年级班级建设与卫生管理
		18. 增强意识 培养习惯 担起责任
五	“家校协作策略”主题课程	19. 家长教育课程的教学设计与授课指导
		20. 沟通，从心开始！
		21. 后疫情时期家校有效沟通
		22. 师生有效沟通的策略
		23. 主题式家长学校课程体系的建构

（四）“主题式”家长学校师资团队培训案例资源

案例资源库的建设对“主题式”家长学校师资团队培训具有重要意义，已建案例资源库如表 4.10 所示。

表 4.10 “主题式”家长学校师资团队培训课程（案例资源库）

1	学生偏差行为指导案例	运用“WDEP”模式法，尝试改变攻击型学生
2		网络成瘾学生问题诊断与辅导策略
3		“59”的契机
4		我班有男初长成
5		猜猜我有多爱你
6		学生“偷窃”偏差行为的分析与对策例谈
7		攻击型人格障碍学生情绪调适能力培养初探
8		星星闪光时
9	案例冲突解决	一念之间
10		听，花开的声音
11		友好相处，开心前行
12		不历风雨，怎见彩虹
13		当奖状被撕掉后
14		回眸
15	协同育人案例	助力家长做好孩子假期生活指导，提升家长家教能力
16		“沉迷网络故事”引发偏差行为的学生个案分析与辅导
17		体验劳动幸福，共享成长快乐
18		警惕“知耻而后勇”
19		孩子抵触家校沟通引发偏激行为的分析和应对策略
20		正确解读，共践“双减”
21		有效沟通，合力共育
22		孩子受挫力弱，怎么办？
23		“双减”须明责，家校善合作
24		落实“双减”在行动，家校合育促成长
25		残缺的我也有美好春天
26		尽家长之责，伴孩子成长
27		绿色惩戒，为教育插上爱的翅膀

（五）"主题式"家长学校师资团队培训策略

1. 建立优质师资团队

（1）成立"三师"讲师团

课题组成立了以专家学者、优秀班主任、优秀教师和育子有方的优秀家长代表为组员的家长学校"三师"讲师团，为家长授课或开展有针对性的专题讲座培训，帮助家长更新教育观念，掌握科学家教方法，提升家长家庭教育素养。另外，课题组还成立了"家长讲堂"让家长走进课堂，为学生授课。

（2）加强师资团队培训

①线上学习，按照计划抓落实。通过学校的公众号及省级名班主任工作公众号，不定时推荐一些名家文章和专家授课视频，让老师们进行自主学习；同时，学校骨干教师录制授课视频，以系列专题的形式，在公众号进行展示，供其他老师学习。

②线下培训，结合实际抓落实。"学高为师，身正为范"，从实践的角度看，具有高尚情操、渊博学识的班主任，会对学生产生一辈子的影响。因此，学习方针政策，提升理论修养是班主任的必修课。我们注重加强对班主任的政治思想教育、职业道德教育、业务素质教育，旨在提高班主任的综合素质；组织班主任学习《关于进一步加强和改进未成年人思想道德建设的若干意见》《中小学德育工作指南》《中华人民共和国家庭教育促进法》《中学生日常行为规范》《中小学生守则》提高师资团队的思想认识。

提倡讲师德、讲正气、讲和谐、讲奉献的师德教育，开展相关的活动，使我们的班主任老师达成共识——作为班主任老师，必须具有为教育事业无私奉献，甘为人梯、乐为人梯、善为人梯的精神，从而进一步强化班主任老师爱岗敬业、热爱学生、教书育人、为人师表的使命感和责任感。

阅读是提升个人综合素养的最佳途径，思考是创新思维的必要过程，学校为老师们配备了各类教学教育书籍，如《正面管教》《快行动，慢思考》《非暴力沟通》等，每学期结合一个专题阅读、研讨、撰写论文。学校要求老师经常读书并撰写读书笔记，促使班主任通过读书学习，享受阅读并拓宽视野，从而提高自身的专业素养与教育能力，并建议班主任实行自学、集中学习、网上学习交流等方式，经常进行阅读研修，努力提升自己的实践经验与理论水平。

师资团队培养还立足于学校每学期的专题培训，如“班级家长委员会的建立与管理”“与家长沟通的技巧”等，在实践中，形成师资团队培训活动模式，先由专家或工作室主持人做专题讲座，提高班主任的理论认识，再邀请工作室成员进行优秀案例分享。各班在理论和优秀案例指导下进行实践，最后进行评比，挑选优秀者在例会上交流，推广成功经验，切实提升家长学校主讲教师的素质和能力。师资团队培训活动模式如图 4.6 所示。

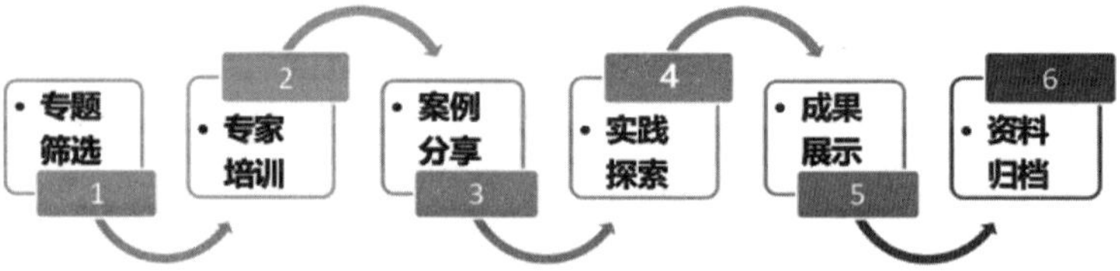

图 4.6　师资团队培训活动模式

时教时思，不惘不殆！写作，也是反思、积累、成长的过程，课题组通过专业写作提升教师专业素养。课题组成员积极参与教育行政部门组织的各种比赛，促进团队成员对自己的教育行为进行反思，做出评价，并逐渐打造属于自己的特色。

2. “主题式”家长课程实施的具体策略

（1）科学安排，落实家长课程

在家长课程实施上，我们合理安排课程，并在不同层面开展。课题组结合每学年常规的家长会、艺术节、体育节与每月一次的教师专题培训等，每学期一主题，落实家长课程，提高了家长、教师的素养。

（2）挖掘资源，多方整合家长课程师资

合作实施家长课程是全面推进校本课程实践的一条有效途径，因此在实践中，我们注重挖掘多方资源，在现有师资的基础上，还聘请了社会专业人士担任部分课程教师，满足了家长发展需求，也满足了学生全面发展和个性发展的需要。

①运用教师资源。一方面我们对照课程开发需求，让一批有能力胜任家

长课程构建的教师参与课题研究，率先开发与实施；另一方面根据课程需求有计划地对教师实行各类培训，力求让每一位教师都成为家长课程培训者。

②借助家长力量。课程实践中我们充分利用家长资源，借助学校三级家长委员会面向家长进行课程招募，组织家长讲堂，吸收有能力、有热情、热爱教育工作的家长来参与校本课程的实施。

③借用社会资源。课题组还聘请了潮州市优秀的省、市名班主任及工作室主持人来校对教师、学生进行现场专业指导；聘请中国知名教育专家杨鑫老师、国家心理咨询师许怀国老师为家长做讲座，以此将社会与学校共建工作常态化，形成学校、家庭、社会三育人网络。

（六）“主题式”家长学校课程案例研究的总结评价

课题组在进行各项活动时，既对家长活动进行评价，也对教师进行评价，同时通过各种方式组织测评，让家长及学生对学校各项工作进行评价，及时反馈信息，以便指导下一步工作。每次活动后，课题组都会对家长意见进行统计分析，及时反馈意见，为课程设计提供参考。

第一，学生对活动开展效果的评价。开展活动前，实验班教师严格按照活动流程，做好活动安排后，或让学生制作活动小报，或让学生撰写活动心得体会。课题组成员对活动效果进行评估和调整，力求不断修正和丰富课程内容。

第二，家长对课程实施效果的评价。课程组采用“线上＋线下”匿名反馈的方式收集家长对课程的评价，如通过问卷网进行匿名评价，或通过撰写学习心得体会对课程内容进行反馈。课题组老师及时根据反馈情况调整课程内容，不断进行修正、重构，使其更具针对性和实效性。

第三，采取多种方式激励家长及教师。课题组立足学校、区域需求进行研究，结合学校开展的“书香家庭”评比推荐人员参加，充分发挥示范引领作用，推动家庭文明建设。此外，还组织开展了“家长学校优秀家长”评比，由各班家长委员会成员和班主任集体评议，学校家长委员会和政教处审核备案，评选出一批关心学校发展、支持学校工作、育儿有方、在家校共育中做出贡献的优秀家长，颁发荣誉证书。学校对家庭、对家长的评价，既是对家长的认可和鼓励，又是每一位家长努力的方向，有利于进一步提高家庭教育水平，巩固家校共育效果。

第四节　家校共育案例思考

案例一：校家社聚力共育，为学生健康成长助力

家庭是人生的第一个课堂，父母是孩子的第一任老师，家庭教育是人才培养的奠基工程。随着时代的发展变迁，家庭教育的理念、任务和方式方法也在不断地发生变化。随着我国教育进入新时代，家庭教育作为与学校教育、社会教育并立的现代化教育之一，其地位和作用更加突显。因此，为了孩子的健康成长，促进家校共育是学校教育工作的重点之一。家校各有不可代替的责任，只有把两者融合，化为合力，才能取得事半功倍的效果。以下案例中，班主任老师的做法或许能给我们一些启示。

一、案例呈现

男孩小柯，学习成绩中下，智力较好，自尊心强，有时又有自卑感，做事很情绪化，好表现自己，逆反心理十分严重，自我要求不严，做事随意性强。他常和父母、老师发生冲突，有很强的抵触情绪，经不起老师、家长的批评。每当老师批评他时，他就会很激动，盯着老师，一副不服气的样子，甚至还和老师顶嘴。

我们往往会出于对学生的责任心而过于严厉——严肃的训斥、紧绷的面孔及枯燥的语言……而这在我们的“小主人公”小柯看来，似乎一切都已经习惯了。妈妈严厉，爸爸严厉，上学期更是在老师的批评中度过。这学期我不严厉行吗？我决定先给他来个下马威——开学第一天就对他进行一番思想教育。

然而，他还是三天两头犯错。音乐课上，他就管不住自己了，扮鬼脸，

逗得同学们哈哈大笑，还故意和音乐老师作对，随便乱打节拍，违反课堂纪律。下课后，自然被我狠批一顿，痛哭流涕，并保证下不为例。谁知下午科学课上他又闹了个翻天覆地，我气不打一处来。冷静下来，我沉思：看来单靠严厉是不行的。我眼前不禁浮现出小柯痛哭流涕后离开办公室时那一副满不在乎、松散懈怠的样子 。我算是领略到他拒绝教育的顶撞力了。

面对这样的一个学生，我明白光是关心、说教显然是不起作用的，得从心理成因去研究对策，对症下药。于是我决定走访他的家庭再做“战略调整”。

我和小柯父母就孩子的情况做了一次深谈。在这次谈话中，我了解到小柯的父母是个体经营者，由于工作的缘故，需要经常出差，孩子只能由姥姥姥爷来照顾。两位老人很尽心，但有的只是疼爱，而父母又无暇顾及他的学习，发现问题态度粗暴，动辄出手，所以孩子慢慢变成了现在这种状况。针对这些情况，我和小柯的父母进行了沟通，向他们提出了一些建议。

我让家长务必多抽出时间来陪伴孩子，加强亲子间的双向沟通，让他感受到父母的关心，慢慢地消除他的对立情绪。在家创造和谐民主的良好家庭环境，和孩子交朋友，多鼓励表扬，少批评责骂，合理对待孩子的需求，不挫伤他的自尊心，尊重他，信任他。

同时，我对小柯在学校的一些表现与家长进行了交流，小柯的家长又生气又担心，我及时表示我对孩子的关心，也趁机向小柯的家长阐明家校合作的重要性。小柯的父母连连赞同，表示以后会与老师互相配合。

我还通过网络平台，加家长为 QQ 好友，在线与之交流，我每天都会把孩子在学校的表现，特别是好的表现，及时反馈给家长。

又一次犯错后，我把小柯领到办公室。他垂头丧气地站在那里，嘴里不知在嘟囔什么。但他的眼眸中又分明流露出了几分不安、几分紧张，我没有说话，静静地看着他。

时间一分钟一分钟地过去了，办公室里的气氛沉闷极了。他的腿不颤悠，嘴也不嘟囔了，直直地站在那看着我。又是一阵沉默。“老师，我知道错了，下回一定改。”他看着我轻轻地说。这是一场无声的较量。他终于先开口了，我松了一口气。“好，这可是你自己说的。”

我迅速打开抽屉，拿出一本精致的笔记本。记得教师节那天，小柯一见到我，就兴冲冲地跑过来，塞给我一本精致的笔记本，“老师，教师节快乐！这是我用零用钱给您买的，以后您就用它记事吧，您那本子都旧了。”看着他闪闪发亮的眼睛，我笑着说：“好吧，谢谢你，但愿我能在上面看到你越来越多的进步。”我翻开第一页，写道：“201× 年 × 月 × 日，小柯同学于今日保证上课不违反纪律，不随便说话……”一份协议书拟好了，小柯痛快地签上了自己的名字。我翻到笔记本的扉页，写下几个大字：“小柯日记”。

“从今天开始，你用你的行动，老师用老师的笔，我们一起来记日记，好吗？”“好！”他惊喜地看着我，轻轻地抚摸着他的第一本日记。

第二天，小柯父亲的司机送来了两封信，一封给我，一封给小柯。那天他很晚才回家，听说了此事，因第二天要出差，因此连夜写了两封信。我很高兴小柯父亲对我工作的支持。

中午，我把小柯叫到办公室，拿出了他父亲给他的信，让他坐下来安心地看。当看到第二页时，他默默地流泪了。我递给他一支笔，请他画下使自己深受触动的句子。他画下了三段话：“老师不是代表个人，而是代表学校和家长在教育你们，要听从老师的教导。”“小动作不仅会影响自己的学习，而且会破坏集体的形象，会养成一生中不好的毛病。”“集体的利益是什么？那就是大家共同的命运。”下午，在征得小柯的同意后，我把信念给全班同学听，并对同学们说：“小柯父亲的这封信不仅在教育着小柯，也教育着我们。因此我提议小柯同学把信中的三段话打印出来，贴在咱们班后面，作为对我们每一个人的鞭策。小柯，你能完成任务吗？”“能！”他第一次正正经经地回答，声音中饱含着自信和决心。

小柯酷爱体育，恰逢区内开展“小学生田径运动会”，我便鼓励他积极参加。从此，每天清晨和傍晚，操场上都会看到小柯刻苦训练的身影。小柯获得了成就感，放松了心情，变得爱读书、爱思考了。学习上他进步了，也会为集体做好事了，我把这些都一一用红笔记录在日记本上。在班上受表扬的次数多了，他的威信也渐渐树立起来了，同学们纷纷推选他担任体育委员。小柯真的变了，变得不再莽撞，变得有理智了。

在区田径运动会200米跑中，他因太紧张两次犯规，差点被取消资格时他哭了。以前他哭，是因为挨批评不服气，现在是为不能为集体争荣誉而流泪。老师安慰他重建信心，最后在200米跑中获得了全区第二名的好成绩。曙光初照，他捧起金杯。阳光是那么灿烂，暖洋洋地照在我们身上，我想无论是小柯还是我，我们都感到幸福，这幸福绝不仅是一种解脱，它是回味悠长的！

在接下来的日子里，我们在不断总结中慢慢发现，笔记本上记缺点、不足的黑字少了，写优点、进步的红字多了。周末，小柯还主动要求把日记带回家，说要在周六、周日请父母接着记。“你进步了，爸爸妈妈为你感到高兴，再接再厉！”“你的点滴进步都离不开老师的辛勤劳动。”看着这一句句发自内心、感人肺腑的话语，我觉得这日记本分量重了很多。

二、教育措施

在小柯的教育问题上，班主任对问题学生小柯采取了多种教育方法，关注了问题的心理成因，帮助小柯认知重建，利用“行为改变法”和“代币法”帮助小柯重塑行为。同时，注重挖掘小柯的优点，让小柯体验成功，从而增强他的自尊心与自信心。更重要的是，通过家校双方的通力合作，使小柯的教育工作事半功倍。

对于家校合作，有几点可以作为借鉴。

(一)唤醒家长合作意识，明确家校合作重要性

家长是学生人生的第一任教师，孩子的成长不仅要靠老师、学校，还要靠父母、家庭，但很多家长总认为，把孩子送到学校，教育责任便归于教师，也就会经常出现“5+2=0”的现象。因此，我一直致力于转变家长的观念。我把家长当作共同促进学生发展的主体来看待，尊重家长，耐心与家长沟通，使家长感受到真诚，让家长了解家校合作的重要性，从而唤醒家长的家校合作意识。例如，在案例中，班主任老师便抓住家访的机会，把小柯在学校的一些表现与家长进行了交流，使家长感受到老师对小柯的关注与期待，从而拉近老师与家长的心理距离，时机一成熟，便趁机向小柯的家长阐明家校合作的重要性，从而取得了小柯父母的配合。

（二）进行家庭教育指导，提高家庭教育水平

“解铃还需系铃人。”要使孩子拥有健康的心理，首先还得从家庭入手。对家庭教育进行指导，才能使家长掌握科学的教育方法，从而提高家庭的教育水平。

1. 营造宽松氛围，融洽亲子关系

孩子作为独立的社会个体，他们身上具有无限的潜能。家长的作用正在于帮助孩子充分地发挥其内在的潜能，所以必须放下家长的“架子”，以朋友的身份走近孩子，让孩子从心理上接受。每个人都有权利表明自己的观点，也应接受他人的批评，包括家长在内。家长不再是自我权威的维护者和代言人，而应是孩子能力的激发者、培养者和欣赏者。家长应该学会倾听孩子的心声，明白孩子心里真正的想法，引导点拨孩子朝着正确的方向发展。

2. 换位思考，进行亲子沟通

家庭教育对孩子影响是深刻的、长远的，他们知识的获得、经验的积累、性格的养成、兴趣和爱好的培养无一不与家庭有密切的关系。因此父母哪怕再忙也要想方设法挤出点时间和孩子聊天，可以利用晚饭后和周末时间，父母不要居高临下，而是要“蹲”下来，从孩子的角度出发，与孩子建立平等、民主、朋友般的关系，让孩子畅所欲言，无所不谈，引导孩子养成倾听与倾诉的习惯，在聊天中消除与孩子之间的鸿沟。

3. 挫折教育，培养孩子耐挫力

随着现代生活水平的提高，儿童备受家庭和社会的宠爱和保护，过分的保护使他们不知受挫的滋味是什么，面对困难无所适从、惊慌失措。例如案例中的小柯，经受不起老师、家长的批评，容易产生逆反心理，所以我建议小柯的父母设置难题、制造一些挫折，培养孩子在达到目标的过程中既不望而生畏、束手无策，也不一帆风顺、轻而易举，而是需付出一定的努力、克服一定的困难后才能取得成功。家长要对孩子进行指导、鼓励、支持，并适时提供一些帮助，助孩子“渡过难关”。这样一来，既可以增强孩子的心理承受能力，让他懂得如何迎接困难和挑战，又加强了两代人之间的交流，促进两代人之间的感情。

（三）创新家校联系方式，提高家校合作有效性

在与家长的联系中，除了用传统的家访和家长会的形式之外，还应创新联系方法，以提高家校合作的有效性。例如，在信息化时代，我们可以利用网络与家长联系，及时关注学生在校在家情况；利用日记、信件等与学生、与家长进行三方交流，给学生一些指引，创造一些意想不到的惊喜；利用学校网站，让家长可以了解学校的教学动态以及学生的心理状况。通过多种方式全方位地促进家长和教师的沟通，以便家长和教师一起更好地解决学生在学习、生活上的问题。同时，还可以定期邀请教育专家来学校做讲座，更新家长的教育观念，促进家长和教师共同探讨学生成长中的问题，建立良好的家校合作关系。

（四）巧用家长资源，实现家校合作共赢

学生家长来自各行各业，可谓人才济济，是学校丰厚和宝贵的教育资源，因此，我们一直着力于研究家长的情感资源、职业资源、特长资源、经验资源、经历资源、监督资源等，力求通过多种方式充分发掘家长资源。如开展家长论坛，让家长交流自身的教育经验；邀请家长出席班会，谈经验，参与班会的开展。通过这种方式，既让家长之间实现了资源共享，又逐步唤醒了家长教育的主体意识，实现家校合作共赢。在案例中，班主任老师通过日记与小柯的父母进行联系，小柯父亲的肺腑之言，不仅感动了小柯与老师，更感动了全班同学，将个人教育资源变为了集体教育资源。

（五）讲究沟通技巧，建立家校良好合作关系

从孩子上学那天起，就开始担负父母和老师的共同希望。然而，希望的实现是需要家庭和学校合作的，而合作的基础又是良好的沟通。在学校与家庭、老师和父母之间，有时会因思考问题的角度、方法的差异，而不可避免地发生这样或者那样的矛盾，这就需要运用良好的沟通技巧了。要具备良好的沟通技巧，主要可以从四方面入手：一是相互尊重、相互信任、相互理解，学会换位思考。老师应该体谅父母的爱子之心，父母也应该理解老师的培育之情；二是职责明确，教育孩子是学校和家庭的共同责任，遇到问题切不可相互推卸责任；三是注意沟通的方式、方法、态度、语言等，这对教师和家长来说都是应该做到的；四是与家长沟通时，尽量先肯定孩子的优点，再婉转提出孩子的不足，以获得家长的认同感。对家庭来说，需要对学校产生认同感，摒弃以往单纯配合的被动局面，充分树立家庭教育是学生教育重要组成部分的观念，树立正确的家校合作观念。

三、教育思考

在家校合作方面，探索的方法已取得了一些效果，但仍存在着一些问题，需要不断反思，不断继续探讨。

通过以上案例我觉得，家庭教育和学校教育还存在脱节现象，特别是家庭教育和学校教育在手段和态度等方面不能很好地结合，不能形成合力，达不到教育应有的效果。因此，尽快改变家庭和学校之间出现的教育配合失调，改善家庭和学校合作教育环境，建立有效的家校合作机制，是学校实现教育目标、提高办学质量的重要基础。今后，如何与时俱进地更新、丰富家校互动形式及内容，让家长积极、主动地参与学校教育教学管理，真正成为学校一员，是需努力的方向。

此外，充分开发、挖掘、利用家长资源补充学校教育，丰富学生学习生活，利用家庭教育资源、社会教育资源，家长资源等，扩充学校教育和家庭教育内容，达到学校、家庭、社会三位一体的教育效果，也是需要继续探索的课题。

教育是一个系统工程，学校是孩子受教育的主渠道，家庭教育具有学校教育所不具备的不可替代性。所以，让我们携手前进，共助学生成长，成就每一个孩子幸福快乐的人生，发挥出家校共育的合力！

（以上案例作者系潮州市职业技术学校谢焕彬）

案例二：不给成长设限——别随意给孩子贴标签

生活中，无论是父母还是老师，给孩子贴标签的情况随处可见。标签包括负面标签与过度表扬，而无论哪种标签，总会给孩子的成长带来不良的影响。笔者针对家长给孩子贴标签的现象以及由此产生的影响进行深度的思考，以现实中的现象引入，剖析现象，再结合自身为人师与为人父母的双重角色提出一些教育建议，力求助力家长提升家庭教育能力。

一、“贴标签”现象呈现

作为一名老师，在日常生活中，特别容易遇到这样的情况：一些爸爸妈妈一见到我，总爱跟我探讨一些有关孩子的教育问题，其中，共性的问题不乏以下几个：

我家的孩子好懒，怎么办？

我家孩子太贪玩了，怎么办？

我家孩子不爱学习，怎么办？

我家孩子学习总是不自觉，又好动，怎么办？

……

纵观这些问题，无不透露着一个信息：这些爸爸妈妈都在有意无意中给孩子贴上了一个标签——比如懒、贪玩、不爱学习、不自觉等等。当然，其中也不乏家长的谦虚之言，但更多的是出自广大家长真实的教育心声。事实上，生活中像这样给孩子贴负面标签的现象随处可见，而家长的这些评价仿佛真有某种魔力，总会“一语成谶”，被贴上标签的孩子真的慢慢长成了家长评价的模样。

然而，神奇的是，有的家长在面对孩子的表现，总是脱口而出“你真是个聪明的孩子”“你是个很完美的孩子”时，这些正面标签也没有让孩子朝着积极的方向成长，反而使很多孩子因盲目自信于自己的天赋而认为自己无须努力，或是认定自己是个完美的人，造成孩子过度在意外在的评价而导致承受力差、失去自我。

当然，偶尔为之的一句玩笑话并不算是标签，但是如果反复多次提及，让孩子形成了固有的自我评价或自我定位概念，那就成了贴在孩子身上的标签了。

二、“贴标签”现象剖析

随意给孩子贴上标签，会对孩子产生什么样的影响呢？

（一）家长是孩子的“重要他人”，评价具有定性导向作用

心理学上有个名词叫作“贴标签效应”，“标签”具有定性导向的作用，无论标签是“好”是“坏”，都有强烈的影响。例如，一个女孩儿剪了短发，被说像“假小子”，以后她可能会经常留短发，来“印证”大人对她的评价；大人越是说某个孩子胆小，孩子就可能越来越胆小。你给孩子贴上什么样的标签，他就会不断朝着标签所指的方向发生偏转。孩子的年龄越小，对家长的说法越容易认同，家长在孩子心里威信越强，负面标签的威力越大，产生的影响也就越大。

（二）“负面评价”的不断强化，逐渐消磨孩子自尊自信

很多时候，家长总爱因为孩子的某个时候的某个行为，就忍不住给孩子贴上某些负面标签，可以说，很多父母都是无意识的，但孩子却记了一辈子，痛了一辈子。有的家长故意说孩子哪些方面不行、不好，本意是想要负面激励，让孩子向好的方面发展。殊不知，给孩子贴上负面标签，反而给孩子指点了“反向”的成长方向，久而久之，孩子活在负面标签所带来的压力中，消磨着自己的自尊和自信，以及对生命的热忱与追求。

（三）过度使用正面标签，导致孩子迷失自我

很多家长认为，既然负面的标签不能贴，那就多用正面的话语表扬、鼓励孩子。殊不知，过度的正面标签不仅不能让孩子朝着积极方向成长，甚至会导致孩子对别人的评价过分敏感，抗压能力差，当面对不好的评价时，就会产生极度的挫败感。就像很多从小被贴上“懂事”“听话”“乖巧”标签的孩子，可能会过于考虑他人的感受，而忽略自己的需求，从而压抑自己、“表里不一”，从这个角度看，正面的标签其实也有反作用。

三、“防贴标签”教育策略

无论是负面的标签，还是正面的标签，都或多或少会对孩子产生不良的影响，妨碍孩子的健康成长。2022 年 1 月 1 日正式实施的《中华人民共和国家庭教育促进法》第二章第十四条中指出：“（父母或者其他监护人应当）用正确思想、方法和行为教育未成年人养成良好思想、品行和习惯。”因此，

为人父母，努力提升自身的修养，掌握科学的育儿方法责无旁贷。为人父母需谨言慎行，不随意给孩子贴标签，才能正向引领孩子健康成长。

（一）控制情绪，不胡乱给孩子贴标签

中央电视台节目主持人樊登的儿子有一次语文考了 70 多分。樊登是这样对待的：

樊登问他："你之前成绩挺好的，这次怎么会考 70 多分呢？"

孩子说："我没想到背面还有题目。"

樊登又问他："那你学会了什么？"

孩子回答："我以后看背面。"

以上案例当中，樊登儿子出现的问题也是很多孩子的共性问题，那么，当遇到这样的问题时，家长们又是如何应对的呢？是勃然大怒，恨孩子的粗心，进而口不择言一顿批评教育，给孩子贴上了"粗心""马虎"的负面标签，还是会像樊登一样呢？案例中的樊登面对孩子的失误，不随意指责，平静对待，把孩子的失误变成引导孩子审思问题的契机及成长点，给家长们提供了学习的模板。面对孩子的失误或错误，也许我们不妨给自己一点时间冷静一下，控制好自己的情绪，三思而后行，组织好语言再开口，变孩子的失误为引导孩子成长的契机，不因一时的怒气给孩子贴上负面的标签。

（二）就事论事，只评价事不评价人

如果孩子在某件事上的表现不好，不要去评价孩子的性格、智力、能力等，只针对事件本身进行客观的评价，同时不要用批判的语气。例如，当孩子脾气较暴躁，会跟同学产生肢体冲突时，与其批评他"脾气暴躁，经常爱打人"，不如明确指出"这一周你已经和两个同学因为争执而动手了"；当孩子上学迟到时，批评他"老是拖拖拉拉，所以总是迟到"不如明确指出"这一周你已经迟到了三次"。引导孩子正视自身的问题，让孩子学会从失误中吸取成长的经验，尽量少对孩子的行为进行价值判断，而是要多进行客观描述。

（三）顺应天性，因材施教正向引导

教育要顺应孩子的天性发展，每个孩子生来有自己的特质，有自己的生长节奏，也有无限种可能，给他们贴上标签，无疑是把孩子固定在某个标签下，无形中给他们的人生发展设了限。所以，当孩子穿衣服穿得不利落时，与其吐槽说孩子自理能力差，邋遢不整洁，不如进行细心的指导，教会孩子如何才能把衣服整理好；如果孩子内向，不敢打招呼，那就鼓励他：“我知道你这次还有点紧张，下次做好准备了，我们陪着你好不好？”如果孩子比较胆小，那就静静陪着他，做让孩子安心的后盾。

不要心急地去对孩子的人生下定义，而是在参与他成长的日子里，给予孩子正面的引导、支持和尊重。

（四）多些耐心，理解信任静待花开

在孩子的成长过程中，给予他充分的信任与理解才是良方。对于孩子的教育而言，孩子需要的是被看见和引导。孩子的行为不是一成不变的，不要因为孩子一两次的表现就变得紧张兮兮，认为孩子是一个“××× 的孩子”。其实孩子的个性、内心世界比你想象的要丰富多了，你看到的仅仅是一面而已。保持客观和耐心，你才能看到孩子不为你所知的另一面，这样孩子才有机会成为独一无二的自己。

（五）正面反馈，正向进行批评与表扬

卢梭曾说：“要尊重儿童，不要急于对他做出或好或坏的评估与判断。”对于孩子来说，来自父母的正确的评价与正面反馈，就是一次次的尊重与爱。

这就要求我们正视孩子的表现。当孩子犯错时，先理解孩子的感受，倾听原因，公正客观地纠错或指导；当孩子努力去做某件事而暂时失败时，不要打击孩子，给予正面积极的肯定与引领，帮助孩子重树自信。同时，夸孩子也要夸到具体的部分，让孩子知道哪里做得好，值得被夸奖。例如，我们可以“夸创意”：你这个创意太有意思了，我们喜欢肯动脑筋的孩子；我们可以“夸细节”：你的画在颜色的使用上有很明显的进步；我们可以“夸坚持”：这么难的项目你都坚持完成了，真有毅力。

每个优秀孩子的背后都站着及时给予正面反馈的父母。客观公正评价、正面积极反馈，孩子回馈给你的，将是意料不到的惊喜。

（六）积极期待，帮助孩子撕下标签

如果孩子已经被贴上了标签，那么，从现在开始，让我们一起行动起来，帮助孩子撕下一切标签。或是努力发现孩子的闪光点，创造机会，让孩子看到全新的自己；或是制造机会，让孩子听到我们的正面评价，再慢慢地、一层层地撕下标签。因为，只有不断积极期待、积极陪伴、积极引领，才能让孩子从满身的标签当中解脱出来，成为真正的自己！

舒天丹曾说过："教育孩子如育花，精心浇水、施肥、呵护，方能成功。"每一个孩子都是一个独立的个体，我们作为家长和老师，不能依据自己的想象将他们肆意裁剪成我们眼中的形状。我们应该做的是从孩子出发，用正确的引导去取代贴标签、下定义，让孩子朝着积极健康的方向提升和发展。

（本文 2022 年发表于省级刊物《广东教学报》）

第五章

匠心心育个案研究

每个孩子都是独一无二的，教育方法需要“私人定制”！

——题记

我们总会发现，无论接手哪个班级，都有各种各样的学生问题，例如学业障碍、人际交往不良、亲子沟通不良、沉迷网络、不良行为等。你会用什么样的心态来对待这些问题呢？我想，孩子的成长环境不同，成长际遇不同，产生的问题不同，问题背后的根源也就各有不同。因此，妥善处理这些问题，班主任不仅需要拥有专业知识，还需要技巧，更需要智慧，每一个遇到问题的孩子都需要我们充满耐心与爱心地为其“私人定制”教育方法。

第一节　小学生情绪问题的调查与调适实践研究

情绪指个体对客观事物的态度体验和相应的行为反应。根据客观事物是否能满足主体需要有正性情绪和负性情绪之分。负性情绪是小学生行为异常的主要原因之一。由于情绪问题，小学生的学习、交往、个性发展等都会受到消极影响。准确了解它们，有针对性地提出调适方法和措施，才能对症下药。本章通过对本校学生情绪稳定性的调查，分析其成因，尝试提出调适方法，使学生学会科学地调控自己的情绪，从而避免心理失衡。在实施措施的过程中，逐步加强儿童的自我控制能力，让学生的行为逐步由他律变为自律，从而实现转化。

一、概念界定

《中小学心理健康教育指导纲要》指出，小学心理健康教育的主要目标包括认知、情绪、意志等方面内容，要求培养学生具有自我情绪调控能力，使他们情绪稳定、心情愉快、积极情绪多于消极情绪，经常保持乐观、积极、向上的心态，情绪反应适度。通过情绪心理调适，使他们经常保持良好的心境和乐观的情绪，形成适度的情绪反应能力和较强的抗干扰能力，避免情绪的大起大落和两极化波动，使之学会科学地调控自己的情绪，从而避免心理失衡。

情绪指个体对客观事物的态度体验和相应的行为反应。根据客观事物是否能满足主体需要有正性情绪和负性情绪之分。一般来说，当个体的需要获得满足时，会引起积极、肯定的情绪；当个体的需要得不到满足时，会引起消极、否定的情绪。

在实际生活中，我们往往只注意到儿童表面的行为表现，忽略了这种表现的深层因素，即情绪发展不正常的问题。

如何使用科学的方法对产生情绪问题的学生进行心理调适，以保持或恢复其正常状态，笔者及其课题组成员进行了实践探究。

二、问题诊断

针对学生情绪的稳定性，笔者及其课题组成员通过研究，形成了“小学生情绪稳定性调查问卷”，针对全校三个校区六个年级，随机抽取 12 个班进行测试，发出问卷 600 张，收回问卷 600 张，在对问卷进行分析，并进行谈话调查后，得出结论。

儿童进入学校以后，在集体生活和独自学习活动的锻炼和影响下，控制、调节自己情绪的能力开始发展起来。虽然小学生的情绪仍然具有很大的冲动性，还不善于掩饰、控制自己的情绪，但他们的情绪已开始逐渐内化。针对不同年龄的学生，我们发现，小学低年级学生的情绪还很不稳定，控制自己情绪的能力还很弱。表现为：第一，情绪经常变化、反复无常。一种刺激激起的情绪反应很快会被另一种刺激引起的情绪反应所代替。第二，情绪的迅速转化。当出现新异刺激时，最初会产生强烈的情绪，但随着这类刺激的反复出现，情绪会迅速减弱，甚至产生相反的情绪。

小学高年级学生已逐渐能意识到自己的情绪表现以及随之可能产生的后果，情绪的稳定性和平衡性日益增强，冲动性和易变性逐渐消失，但仍会由于各方面的压力产生情绪问题。

许多学生在情绪方面主要的问题有抑郁、焦虑、易怒、羞怯、紧张、嫉妒、恐惧等。在行为方面存在的主要问题一般有过失行为、说谎行为、偷窃行为、攻击行为等。

三、问题归因

学生不良情绪产生的原因很多，概括起来有两大方面：主观原因和客观原因，这两方面又分为若干层次。

（一）主观原因

1. 由自身性格造成

人的性格有内向型、外向型和介于内向型和外向型之间的性格。外向型性格开朗、活泼，喜欢倾诉和语言表达，自己有不顺心的事喜欢和朋友一吐为快，这种人不容易产生不良情绪。内向型性格的人经常自我剖析，做事谨慎，深思熟虑，疑虑困惑，交往面窄，害怕困难。这种性格的人往往会出现各种不良情绪。而介于两者之间的性格，要看哪种性格占了上风。

2. 由自身素质造成

自身素质包括身体素质、文化素质等。因身体素质差，同样一件事情同龄人能做而自己做不了，就会产生自卑心理，出现不良情绪。因文化素质低，认知程度差，遇到某件事情不能够从科学的角度去分析，总往坏处想，又不愿意和人交流，这样就出现了不良情绪。

3. 由自身兴趣爱好造成

学生自身兴趣爱好的差异也会影响情绪的波动。比如，有的学生兴趣广泛，他们的不良情绪可以通过这些兴趣调节；而兴趣少，或者没有什么兴趣爱好的学生，他们无法排解心中的郁闷和不快，这样长期下去，就可能产生不良情绪。

（二）客观原因

1. 不科学的家庭教育影响

父母是孩子的启蒙老师，父母的一言一行都会影响孩子的发展。研究表明，如果父母有不良行为习惯、文化教育水平较低、对孩子过分严厉、婚姻破裂，孩子缺少关怀与支持或生活在单亲家庭中，那么孩子更可能形成不良行为。而父母的娇惯、纵容、溺爱，会致使孩子任性、懒惰、自私，处处以自我为中心。对子女教育非常严厉，以打骂代替教育的，孩子不是懦弱、自卑，便是冷漠、具有攻击性。父母忙于工作，缺乏与孩子交流，孩子会缺少约束、缺少关爱，缺乏对别人的理解。此外，父母的不当期望会使学生产生学习焦虑。

2. 学校教育发展不均衡

由于心理专职教师的缺乏，或对学生的心理健康关注不够，很多学校往往忽视学生的心理健康教育，或者开设了心理健康教育课也往往流于形式。有的学校甚至会随便指定一名教师做心理咨询工作，教师缺乏必要的、系统的专业知识，咨询工作缺乏科学性。还有的学校在教育上采取严加惩罚、简单粗暴的方式，使一部分青少年产生逆反心理，恶化了他们的不健康行为。

3. 社会环境的不良影响

内容不健康的书籍、影片，街头的网吧、电子游戏厅等对学生的心理健康有极大的负面影响，大众媒介的不正确导向也会使学生产生消极心理。

四、调适方法初探

喜、怒、哀、乐表达着内心的独特感受，表达着个人的需要和愿望，同时也调节着人与人之间的社会距离。喜怒哀乐就是情绪的形式，因此教师首先要识别情绪。其次，要关注学生情绪波动的幅度，若情绪波动在正常的范围内，不会影响学生的心理健康水平，只有当情绪波动超出正常范围，产生过度的不良情绪时，教师才有必要进行干预。如果教师过分干涉学生正常范围内的情绪波动，反而会产生一些不良后果。

对于成年人来讲，情绪管理主要通过本人身体力行来实现。但是小学生正处于成长发展时期，虽然有一定的自主管理情绪的能力，但自我调节的力量毕竟有限。因此教师可以协助学生管理情绪，尽可能地防止他们产生情绪问题。教师要会定情，即稳定学生情绪；教师要会共情，即理解学生情绪。教师要有激情，即激发学生情绪。教师的责任更多的是为学生提供良好的氛围，使他们能有一个宽松、健康的环境，降低他们产生情绪问题的概率。其中最好的方法就是多举办一些学生喜欢的活动。例如教学实践体验、班会、运动会等。

（一）培养学生的情绪认知能力

1. 正确认知负面情绪

人贵有自知之明，只有自己认识自己，才能对情绪进行及时调整。小学阶段的孩子正处于自我意识的发展之中，特别是低年级学生，情绪感知能力较弱，情绪变化较大。作为教师，首先要让学生正确认知自己的情绪变化，明白这种不良情绪是客观存在的，并帮助孩子认识情绪有正面和负面之分，负面情绪只是自身某些情感的表象，而教师要做的，是究其根源，进行疏导。

2. 正确认识自身情绪

要引领孩子正确认识自身情绪，主动面对不良情绪，预防不良情绪的产生，采取正确的方法来减轻不良情绪带来的影响。例如，两个学生犯了同样的错误受到老师的批评，其中一个同学很快认识到是自己做得不好，决心改正，情绪很快恢复了平静。另一个同学则不然，他认为自己倒霉，运气不好，老师偏心。这种外归因造成他事事在别人身上找原因，人际关系也随之紧张，进而影响到他的情绪，周而复始，形成恶性循环。因此，我们要帮助学生认清自我，示范良好情绪的表达，渗透正确的人生观，引导学生客观对待自己，接纳自己。同时，要让学生认清自己的情绪变化规律，充分发挥个人潜能，学会适应，学会把握自己的不良情绪。对于容易产生情绪问题的孩子，老师和家长要培养孩子情感上的“自知之明”，只有正确感知自己的情绪，才能更好地驾驭它。

（二）培养学生的情绪调适能力

学会自我调控是最直接、最有效的改变自己不良情绪的办法。对小学生而言，自我调节情绪的能力相对较弱，需要家长和老师进行必要的渗透和指导。不良情绪是不能完全预防和消除的，当不良情绪产生时，我们该怎么办?

1. 适度宣泄负面情绪

每一个人在成长中不可避免地会体会到烦恼、挫折等负面情绪，孩子的成长也是如此，当负面情绪产生时，要学会选择适当的方式进行宣泄。适当的时候、适当的场合、适当的人、适当的度，是使不良情绪消失的有效办法。

2. 使用有效的宣泄方法

对小学生来说，如何才是适度的宣泄，需要家长与教师的指导。要告诉学生正确的处世态度，遇事要豁达，凡事三思而后行，学会适当宣泄。

比如狂怒时大叫一阵或做运动，情绪低落时向朋友倾诉，等等。

比如有的学生突然遭遇亲人亡故，变得不爱言语、孤僻，甚至呈现恐慌状态，这就需要学生学会自我调节，大声哭泣，释放痛苦。

比如遇到紧张不安的情绪，就要学会放松：找个安静的地方，从头部开始，依次面部、胸部、腹部、四肢，让每一块肌肉紧张再放松。深呼吸，仔细体会放松的感觉，每天坚持10分钟，不仅可以缓解紧张，还有利于身心健康。

情绪不好时，还可以有意识地让自己转移注意力，如看电影、听音乐、健身、参加自己喜欢的公益活动，都会使紧张的情绪松弛下来。我们要有足够的耐心、足够的同情心和理解力去帮助学生认清自己，找到自我调控的窍门。

3. 拓展兴趣进行“移情”

当不良情绪产生后，参加一些自己感兴趣的活动，就会使情绪随着活动的进行而得到调节。二战最艰苦的年代，美国总统富兰克林·罗斯福时常强迫自己挤出一个小时集邮，他把自己关在一幢房子里，摆弄各种邮票，借此摆脱周围的一切。去的时候，他满脸阴沉，心情忧郁，疲惫不堪。离开的时候，他的精神状态完全变了，似乎整个世界变得明亮了。

学生时代是培养兴趣爱好的良好时机，多培养一些兴趣爱好，可以丰富自己的课余生活，可以使自己的生活变得充实而有意义。这样就可以减少消极情绪的产生，有利于良好情绪的保持。我们应认识到要培养和保持良好的情绪，首先要树立远大的理想，培养宽广的胸怀，热爱生活，乐观向上，积极进取；还要正确地认识和评价自己，拓展兴趣爱好，丰富课余生活，增添生活情趣。

4. 及时介入进行干预

当发现孩子的情绪波动较大，或某些行为已经超出正常范围，单靠孩子本身的调控已不能控制情绪，教师就要及时介入进行干预，和学生一起找原因，积极化解疏导，要像对朋友那样善待学生，像对儿女那样呵护学生。可以尝试使用以下方法：

（1）陶冶法

利用绘画、音乐等陶冶性情的方法是改善儿童易怒攻击行为的最佳途径，引导儿童经常从事这类活动有助于恢复他们的心理平衡，也能逐渐转移其攻击性行为。

（2）行为塑造法

以分步骤达到要求来使儿童克服不好的行为，产生所希望的行为。例如引导学生制订针对不良行为的“行为改变计划”，然后让他们做到积极配合、友善对待同伴，每做到一步给他们一步的奖励，最后让他们做到不对别人进行无理攻击。让学生的自我管理与控制能力逐步增强，并由他律逐渐转变为自律。

（3）小步子脱敏法

可以通过表格，让学生每天记录当日内心产生不良行为倾向的次数、状态，并对此做出分析，帮助他们了解自我情绪的运作规律，有意识地逐渐暗示自己降低每日不良行为产生的次数。

（4）将来预演法

有的孩子敌对情绪明显，对老师的批评教育不理不睬，这就需要老师进行朋友式的谈心，有针对性地梳理问题，耐心启发，正确引导，使学生认识到产生这种心理问题给自身学习和生活带来的不良影响。

（5）人本疗法

有的孩子对考试易产生焦虑、恐惧的心理，这就需要老师多给予创造成功的机会，并善于等待，允许学生情绪缓减的过程，以达到解决情绪问题的目的。

（6）空椅子疗法

空椅子疗法是一种完形心理疗法，有“倾诉宣泄式”“自我对话式”和“他人对话式”等，适用于社交恐惧型学生与人交流的辅导、逃避亲人离世者的辅导，以及选择困难型学生的辅导。

（7）寻求社会支持

若已产生一定的心理问题，须与家长一起，寻找专业人士治疗，且要保护好学生的隐私。

（三）营造良好的氛围

1. 营造良好的班级氛围

通过营造良好的班级人际心理环境，培养学生正确的自我认识。如建立

“人本化”的班级管理制度，力求形成人与人之间和谐的心理氛围；建立和谐融洽的师生关系，逐渐削弱学生的心理防线，让学生愿意亲近老师，增强学生的积极情绪体验；引导学生正确评价自我和同学，培养其认知自我的能力，形成良好的自我认识。

2. 营造良好的家庭氛围

家庭是孩子的另一所学校，家长是孩子的第一任老师。如果家校教育要求不统一，就会导致教育作用的互相抵消。因此应加强家校同步教育。如通过多途径提高家长教育水平，建议家长注意营造轻松、温馨、健康的家庭环境，增强家庭成员间的亲密度，增加亲子间的交流，减少家庭成员之间的矛盾冲突。此外，还应该教给家长一些矫正的方法，让家长对出现情绪问题的孩子进行配合疏导，帮助孩子更快地走上正轨。

（四）培养学生的耐挫折能力

挫折是在实现目标过程中遭遇障碍，心理需要无法满足时，人所产生的失望、不满、沮丧、焦虑、恐惧、气愤等不良情绪反应。对于挫折，有的学生能随遇而安，有的就经受不住。所以，我们应有意给学生创设一些情景，让学生独立去判断，去选择，去行动，在经受磨炼中不断调整自己的不良情绪。吃得苦中苦，方为人上人，只有经过种种磨炼，才能克制各种不良情绪的爆发。一个孩子能够面对非常喜欢的玩具而坚持先把作业做完，在没人督促的情况下认真把教室打扫干净，在被人错怪时仍心平气和，在获得好评时不忘感恩，看到别人身上自己所没有的优点时而没有嫉妒，这种懂得控制自己欲望和冲动，坚决按正确的规则去做的孩子，是良好情绪的体现，他们对挫折会有种天生的抗体，会很好地克服诱惑、欲望、冲动、惰性。学生在平时生活、交往、学习中产生的不良情绪，要根据不同情况采取不同的耐挫训练，对症下药。如有的需要加强对“失望、落后”的磨炼与引导，有的需要进行“自卑、受委屈”的磨炼与引导，等等。

（五）心理健康教育常态化

学生的情绪问题调适需多方面配合进行，以学校教育为主。学校应开设心理健康教育校本课程，结合学生身心发展特点，面向全体学生进行心理训练、情境设计、角色扮演、游戏辅导等活动，普及心理健康科学常识。同时，要针对学生的某些成长关键期及关键点，开展专题辅导，如入学适应调节、与同学发生冲突、升学指导等，并通过多途径畅通学校与家庭同步实施心理健康教育的渠道，家校携手共同营造心理健康教育环境，实现心理健康教育常态化。

总之，关注学生的情感状态，解决冲突与争端时，不仅要重视理智因素，更要看重情绪对理智的激发作用。实施情绪辅导，不仅是迅速平息冲突的有效方法；而且是素质目标全面性的内在要求，是教育民主的体现，是培养学生健全人格的需要。

（本文 2018 年发表于省级刊物《广东省中小学德育》）

第二节　学生“偷窃”偏差行为引发冲突的个案研究

学生偷窃事件处理一直以来是最让班主任头疼的。在处理的过程中，总会发生各式各样的冲突，学生与学生、家长与家长、教师与家长……不同的应对方式会带来完全不同的结果，有的可以化干戈为玉帛，增进情感；有的则可能导致冲突双方两败俱伤，并给学生的人生之路蒙上阴影。面对因“偷窃”行为产生的生生冲突，该怎么办？针对该问题，我们进行了深度思考，提出了具有操作性与针对性的措施，以供探讨。

一、冲突再现

“老师，这是我的！”“你瞎说，这是我的”“这是你偷我的”……课间巡视，刚走到我们班门口（我是该班的科任老师），安静的教室里突然传来了学生的争执声，我一愣，停住了脚步，透过窗口看到了攥着拳头的小 A、一脸气愤的同桌小张，还有紧紧皱着眉头的小刘老师。

今天，因为班里要进行爱心捐款活动，小 A 的同桌小张丢了带来的 35 元钱，老师在小 A 的书包里找到了同样的钱数，又有人看到小 A 动了小张的书包，如此“凑巧”，小刘老师便问上了话，于是，便有了开头的那一幕！

“如果真是你拿的，老师希望你能坦白！”沉默了一会儿，小刘老师说道，“我们可是装了监控的，真找到证据，可是要进行全校通告批评的！”小 A 猛地抬起了头，“我没有！”“老师，他就是个小偷！”小张大声地对我说着，小 A“嗷”的一声，扑了过去，立即开打，我和小刘老师手忙脚乱地制止了他们，然后分别把小 A 和小张拉到了办公室，让两个孩子分开坐着，先进行了情绪安抚。

小刘老师跟家长通起了电话，我断断续续听到“孩子现在就像嫌疑犯，偷了东西还不认！什么，他不会？都有人看到了！小时偷针，大时偷金啊……”

听着老师的话，看着小 A 绝望、愤怒又恐惧的眼神，望着窗口边趴着的班里孩子不屑与嘲笑的眼光，我的心里一颤，拉住了小刘老师。我想，面对孩子的“偷盗”问题，也许我们该更谨慎地去定性，多渠道了解情况，再确定解决问题的策略与方法。

二、探究根源

中午，从同学与家长，还有前科任老师的口中，我了解到一些基本情况，尝试着进行一些较深度的分析。

针对小 A 的分析：一是人际交往不良。五年级的小 A，人高马大，父母比较溺爱，造成了他凡事较以自我为中心。二是原生家庭及自身学习障碍引发的自卑心理。小 A 家境普通，成绩较差，被列为帮扶对象，有些自卑。三是因某些问题行为引发师生关系紧张。小 A 性格比较暴躁，是老师们心中的“混世魔王”，经常受老师的批评，偶尔会和老师有冲突。

针对老师的分析：班主任老师对小 A 抱的是监督多于关心的态度；在面对该“丢钱”事件时，老师也认定了小 A 是嫌疑人，对小 A 软硬兼施。而从老师与家长的对话当中，我们又看到了家长明显是不认同小 A 偷东西的。

针对小张的分析：小张同学比较老实，家里比较富有，父亲脾气比较暴躁，对小张较保护。小A与小张是同桌，偶尔会有一些摩擦。

三、解决策略及过程

万一问题处理不当，学生冲突可能会上升为学生家长间的冲突。针对分析的情况，我和小刘老师进行了真诚的交流和探讨，争取做好前期的冲突平息与后续的跟进教育工作。

（一）及时分离，平息冲突做好情绪安抚

试想，如果只为急于解决问题，当场与学生“针锋相对”，可能会让我们失去理智，出现误判，甚至致使冲突升级，矛盾加深。因此，面对孩子突发的冲突，面对班里孩子对事件急切的关注，我和小刘老师首先采取的方法是及时分离冲突双方，以免冲突事件扩大化，并尽可能地缩小负面影响。同时，把双方分开适时冷静，对双方情绪进行安抚，目的也是给各自一个反思的空间，以寻找解决问题的最佳方法。

（二）真相排查，谨慎了解情况还原真相

安抚情绪后，我们进行了分隔谈话。小张一口咬定小A的偷盗行为，小A却一言不发。因为涉及的是比较敏感的问题，我们坚决否定了在班里排查的做法。因之前的分歧，由我与小A的父母沟通。一开始，小A的父母充满戒备，我一再强调目的只是不让孩子误入歧途，会对事情进行保密，小A的父母才明确告知，小A并未带钱到学校。当然，我们也借助学校的监控，看到了小A偷偷拿钱的整个过程。

（三）正向定性，不随意给孩子行为贴标签

面对了解到的情况，我和班主任就该事件的定性进行了沟通。此时此刻，我们面对的是一个偷窃案件，还是一个孩子偏差行为引发的冲突？小A是一个“偷窃的嫌疑犯”，还是只是一个出现了问题行为的学生？是捉住“小偷”维护师道尊严与所谓的正义重要，还是维护孩子的尊严重要？此时此刻，我们的角色是什么？是警察、侦探、法官，还是引导孩子走出错误泥沼的引路人？我不断和班主任探讨着。此时，窗口趴着的班里孩子不屑与嘲笑的眼光落入我们的眼中，我跟小刘老师提出了我的解决建议，与小刘老师达

成了共识。

（四）善意谎言，以人为本创造性解决冲突

我对小A说："我猜猜，你原来也有35元吧？会不会你把钱放家里忘带了，然后弄错了呢？"小A惊讶地看着我，我摸着他的头小声说："肯定是这样的！当然，有别的情况，欢迎你找我，咱俩好好说说！"小A愣住了。转过身，我跟小刘老师又找到小张"说明"了情况。看到老师的忙乎，小A主动跟小张道了歉，解开了小孩子间的"误会"。

当天下午，小刘老师在班里面进行了澄清，说明是因为小A和小张所准备的钱刚好是一样的，小A的钱放在家里忘带了，看到桌上的35元，以为是自己的，便拿了，这是一个误会。小刘老师说时，小A一直低着头，偷偷地抹着眼泪。

当然，善意的谎言并不只在班里面，小刘老师跟小张的家长进行了交流，又把"误会"进行了说明。因为小刘老师的及时交流，暴躁的小张父亲对问题的解决并无异议，也对老师特意来电告知的周全做法表示感谢。

我想，一个善意的谎言，既能保住孩子的自尊，给孩子的犯错一个台阶下，又平息了孩子间，甚至是家长间的冲突，又何尝不可呢？

（五）适度"惩罚"，后续教育让爱更加完整

放学后，办公室里，小A如约而至。他一脸羞愧小声地对我说："谢老师，钱是我拿的！对不起！我也跟小刘老师道歉了。"我看了他一眼，"我就是看不惯小张显摆的样子。"我拍拍他的肩膀说，"你能主动认错，老师很欣慰。希望我的'包庇'不会害了你！"我调侃着说，"小张同学也很宽容对吧？""嗯嗯，我以后会像他一样。老师，我是个小偷对吗？"小A小心翼翼地问。"改正了，就只是犯了个错；没改正，那就是犯罪啦！""老师，我懂的，我会改正的。"我话锋一转："老师觉得，做错事还是要接受惩罚，你愿意吗？"小A又猛地抬头看着我，随即点点头。从"明天起，当我一年的小秘书，帮我保管好我的教学用品，可好？"小A用力地点点头，从小A眼里，我看到了他的感动与感激。想想看，当孩子感激你，他还会不朝着你期望的方向成长吗？

（六）客观描述，理解家长对孩子的情感投入

面对孩子的“偷窃”问题，很多老师经常会把孩子的行为与品德挂钩，无意当中，已把孩子定为“小偷”，这对于孩子的父母来说，无疑是难以接受的。从父母的角度，自然流露出的对孩子的保护之情，是可以理解的。所以，我们要理解家长对犯错孩子的情感投入，客观描述问题，少进行价值判断。小刘老师又和小 A 的父母做了沟通，对之前的草率定性表示抱歉，并强调说，这只是孩子成长过程当中遇到的问题，孩子只是犯了错，与品德好坏无关，家校合力耐心引导，才能更好地帮助孩子。小 A 的父母感激万分，慢慢打开了心扉。一次意外的事件，却成了拉近家校关系、师生关系的契机。

四、后续思考

学生偷盗事件处理，一直以来是最让班主任头疼的。在处理的过程中，很多班主任都或多或少会采用一些过激的方法，如搜书包、软硬兼施，甚至动员班里的学生与家长一起捉拿“嫌疑犯”，与“嫌疑犯”斗智斗勇……殊不知，这样既恶化了师生关系、家校关系，侵犯了学生的隐私，又无形中给学生贴上了标签。试问，往后余生，这会不会成为学生的污点？

我们该注意真正把家长当成教育合伙人，不刻意把事情渲染过度，不随意进行价值判断。同时，注意事情的保密性，需在确认真相后，再与家长联系，做好家长的引导工作。

在后续教育中，我们更要小心翼翼地保护好学生的自尊，当再次发生失窃事件时，切莫简单粗暴地与有“前科”的学生联系起来，以免伤害学生，失去孩子对你的信任与感激。

当面对冲突时，我们更应该理智制怒，定位好我们的角色，换位思考，怀一颗慈悲之心，坦然面对孩子成长过程当中出现的问题，为孩子的终身发展考虑。引导孩子从犯错当中不断成长，才是真正意义上的为人师者。

所幸，冲突顺利化解了，还增进了家、校、生三方的感情。而我，虽不是班主任，但主动参与中，助力班主任，既收获了自身的成长，也收获了一个尽心尽职的小秘书！

是学生，是小偷，全在一念之间！

（本文 2021 年发表于国家级刊物《班主任》）

第三节 学生“假性早恋”的行为分析与辅导策略例谈

青春期学生的心理健康教育是班主任最为头疼的问题，尤其是“早恋”问题。事实上，学生的“早恋”通常只是对异性产生的朦胧的“好感”，是一种假性早恋，并不同于成人间的爱情。但因为认识不够，很多家长与教师都把它视为洪水猛兽，唯恐学生与之沾上边，动辄打骂，导致学生产生逆反心理，把“假性早恋”的孩子推入了“早恋”的泥坑。妥当处理这类问题，班主任不仅需要拥有专业知识，还需要技巧，更需要智慧。我们通过鲜活的案例，从案例中反思并总结方法，对班主任的工作开展有一定的借鉴作用。

一、案例呈现

（一）吓了一跳为哪般

今天，体育委员、我的得意门生，差点让我昏厥。

“小谢老师，等等。”下课铃刚响，体育委员小张面露喜色，急匆匆地叫住我，“给你。”他塞了几颗糖给我。我愣住了，学校禁止学生带零食到校，我与学生也约法三章，这小子葫芦里卖的什么药？“老师，我知道不能带糖到学校，但今天我太激动了。”我更疑惑了，是什么事让这小子激动成这模样。“今天我追了很久的女生答应做我女朋友了！我请同学们吃糖，当然也有你的。”

“女朋友？六年级的小男生？”我差点昏厥。我在心里想了N种解决的方法，我想生气，想好好修理他，快小升初考试了还有这心思……小子看着我阴晴不定的脸，有点儿害怕了。

这时，爱默生的一句话陡然在我心底浮现：“教学生怎样对待爱情，是教育工作中最细腻的一面，它要求教师有真知灼见，把教育技巧与教育智慧结合起来。”学生的心灵是脆弱的，无论如何，我不能伤害他对我的信任，想到这，我心里有底了。

我迅速调整了情绪，我知道，我该换一种方式，换一个角色来解决这个问题。

（二）出其不意

我把他带至安静处，对他说："首先，我要谢谢你，因为你把人生中的第一次心动告诉了我，谢谢你的信任。"他不住地点头。"其次，我要恭喜你，你喜欢的是女生。"他笑了，说："老师，她很优秀，我们俩也经常会在一起聊天。"说到这，我话锋一转："只是，如果你是我，该怎么面对这样的情况呢？"他愣了一下。"你是老师最疼爱的学生，帮老师想想吧。"我把问题抛给了他，希望他通过换位思考，对老师多一份理解，也对自身的行为进行反思。

（三）一石二鸟

到了班里，50多双眼睛盯着我。我装作若无其事。半节课后，我说："孩子们，有话说吗？""小张请吃糖，他追到了喜欢的女孩子。""那你们觉得，我应该怎么对待这事呢？"我把问题抛给了大家。现在的孩子，比较早熟，对异性之间朦朦胧胧的感觉就定位为"爱"，班里面也有几个"蠢蠢欲动"的同学，若处理不好，估计接下来这样的问题会层出不穷。我必须给全班一个警诫。

小张首先小声说："严厉批评，写反思，做检讨，还有，还有通知家长。"他结巴着，我沉默着。

班长说："小张这样既影响学习，又破坏了同学间的友谊，但老师，给他一个机会吧。"

小李说："别联系家长吧，要不小张以后有什么话也不敢和你说了，也会恨你。"

……

看，多聪明的孩子，你要知道，无论孩子的关系与你多好，若你在他们面前公开处理了其中一个，你便是他们的敌人，他们会不自觉地站到一起互相维护。

我说话了："你们说得不无道理，但如果小张的自制力差，老师又隐瞒家长，从而错失帮助小张的最佳时机，老师是不是成帮凶了？你们觉得小张自制力强吗？”这时，很多同学小声说：“小张是冲动了些。还是得和家长说说，但老师要委婉一些。”我知道，我的目的达到了。

我笑着说：“这样吧，因为小张的信任，我给他一个机会，让他试试自己处理好与女同学的关系，行吗？”学生们用掌声代替了回答。班长调皮地问：“你不怕成帮凶吗？”我严肃地说：“怕，所以，我必须声明：第一，若小张无法处理，我就必须与家长联系，当然，目的是帮助小张走出误区。第二，你们要互相监督，引以为戒；第三，若再发生这样的事，我将采取严厉措施，坚决打击，听到了吗？”“听到了。”学生大声地回答。

小张眼里噙满了泪水，小声对我说“老师，谢谢你。”

（四）多方互动

过后，我对小张的家庭进行了较详细的了解，同时既对小张进行监督，也教给他一些转移注意力的方法，如不让晕轮效应影响判断、多与其他同学交往、多参与一些班级工作、减少与女生相处的时间。

对于女生，我让小张转告：老师希望他们能珍惜这纯洁的友谊，别让老师与家长失望，同时，还让“心腹”暗中关注他们的情况。

过了几天，我联系了小张的父母，并告诉他们小张是个聪明的孩子，希望他们能对小张多些关注，与小张多些交流，多带小张参加一些户外活动，加强亲子关系。在我的指导下，小张与父母的关系越来越融洽。

在这期间，我也充分利用班级舆论的力量，组织学生举行了“花开应有时”“男生女生对对碰”主题班会，让学生明白，对异性产生好感是正常的心理现象，让学生明白如何去把握好与异性交往的“度”。

事情过去了一个月，这段时间，小张的工作更积极了，成绩也稳定上升了。而我，从别的同学的“小道消息”中得知，他与那位女生保持着普通朋友的关系。

面对这样的状况，很多老师马上会联想到早恋严重影响孩子的学习和身心健康，因此要压制、要严加管教，殊不知，这样常常会适得其反，不仅起不到教育作用，反而把孩子推到了对立面，激发了孩子的逆反心理，甚至把

“恋爱”行为明朗化。当然，也有像我一样的，平淡待之，但由于没有对孩子进行正确有效的引导，出现了孩子们“跟风”的行为，宽容变成了纵容。

我想，极端的对待方式都是不可取的，科学看待，正确疏导，才是为师者应有的行为。

二、案例思考

面对学生的“早恋”问题，我认为要关注以下几点：

（一）呵护自尊，科学诠释“早恋”

学生的两性心理脆弱、敏感，经不起任何打击，因此对于学生所谓的“早恋”，班主任要细心呵护好学生的自尊，冷静、科学地看待它、诠释它，不应视它为洪水猛兽，一味说教、打击，而应让学生与家长明白，这是正常的心理现象，如何正确引导，淡化学生对“异性”的神秘感，走出情感误区，才是最主要的。

（二）换位思考，师生互相理解

在案例中，面对学生的“早恋”问题，我没有急于下定论，没有丧失理智地指责，而是把问题抛回给了学生，让学生换位思考，站在教师角度思考问题，还思考权、表白权及处理权于学生，既给了学生一个“留白”反思的机会，也让学生对老师的处理多一份理解。

（三）教方法，转移注意力

随着社会的发展，孩子越来越早熟，面对孩子的“早恋”问题，采用“堵”的做法已不可取，更重要的是如何引导学生走出误区，可以教给他们一些方法，消除两性间的神秘感；可以讲事例摆事实，为他们敲响警钟；可以发掘他们的闪光点，转移他们的注意力。只有教方法，对学生进行引导，才能取得良好的教育效果。

（四）正向引导，净化集体舆论

对学生进行教育，集体舆论的力量是不可忽视的。因此，案例中我关注了几点：

一是适时示弱，把学生变成问题的解决者，消除学生的敌对心理。

二是允许学生犯错，但也要及时敲响警钟。如在案例中，我宽容了犯错的小张，也给其他同学警诫，让学生明白，宽容并不等于纵容，若一犯再犯，必定严惩。

三是正向引领。通过主题班会，让学生学会正确与异性交往，既教育学生避免开这方面的玩笑伤害他人，也避免自身误闯“雷区”。

（五）家校协同，加强教育指导

很多过分关注两性关系的学生是因为在家庭中得不到关注，或因为家长不懂如何与孩子沟通，或家长缺乏科学的教育知识导致家庭教育缺位。因此，要加强家庭教育指导，除教给家长一些科学的教育方法外，还可以建议家长多与孩子一起参加活动，加强亲子关系，创造沟通的机会，在对孩子的教育上能事半功倍。

（六）整合资源，提高教育成效

一个懂得开发和整合班级教育资源的班主任肯定是一个成功的班主任。如案例中，班主任便是整合了多方资源对学生产生的问题进行教育，不仅充分调动了班级的人力资源（如教师本身、家长、学生）配合，还注重文化资源的运用（如召开主题班会、净化舆论）和信息资源的运用等，使教育事半功倍。

三、后续感悟

写至此，突然想起一个同学（省名班主任）说的一段话：

学生可以不理解老师，

因为学生尚在经历成长；

老师却不可以不理解学生，

因为老师是过来人。

是的，学生青春期产生的烦恼，需要家长与教师的理解，更需要教师引导其走出误区。因此，教师的教育既需讲技巧、用智慧、讲艺术，更需重视多方教育资源的整合。若能走进学生的内心，教育自然水到渠成。

（本文 2015 年发表于省级刊物《广东省中小学德育》）

第四节 运用"WDEP"模式法，尝试改变攻击型学生

对不良行为学生的转化教育，是让班主任最为棘手的问题。学生的不良行为是在长时间里、多方因素影响而成。事实证明，采用传统的强制性行为改变方法，或空洞说教、惩罚教育往往会事与愿违，光有爱没有艺术性、技巧性的教育是收效甚微的。一个教师能否理智地去爱学生，因人而异，采用新颖而有效的方法，艺术地处理学生出现的问题，正是教师专业素质的体现。本节通过呈现问题学生的案例，总结出转化问题学生的一些方法，对班主任的工作开展有一定的借鉴作用。

WDEP 模式法也被称为"差别强化法"，该模式非常适用于改变学生的不良行为。WDEP 中的 W（Want）代表愿望，D（Doing）代表行为，E（Evaluate）代表评价，P（Plan）代表计划。通过 WDEP 模式，我们对学生提出期望，引导学生制订针对不良行为的"行为改变计划"，让学生的自我管理与控制能力逐步增强，由他律逐渐转变为自律，从而实现对学生不良行为的逐步转变。

一、案例呈现

今天，收到一条信息："小谢，好久不见。"

查了好久，原来是学生。

"小谢，偷偷跑去学校看你，怕打扰你。"

"如果想见老师，我随时欢迎啊。"

"是很想你。"

"哇，被我训了一年，被训上瘾了？"我故意凶巴巴地吼。

"呵呵，几个月没被人训着，还真不习惯，不过，我现在基本不动手了，你说君子动口不动手嘛，小谢，好好保重，我会去看你。"

我呆住了，心里却有些感动。这真是他吗？是的，是那个曾经让我对教育产生迷茫，是那个让我费尽心机极力要改变的学生，我的思绪，飘回了一年多前……

今天，学生小钊，一个让教过他的老师无不为之烦恼的学生（从文武学校转学而来，170 多厘米的身高使他在同学中很突出，他暴躁的臭脾气以及爱攻击别人的行为可是全校闻名。被值日生拉着站在了我的面前。只是，今天除了班里的值日生，还来了个校值日生。“谢，谢老师，你，你要给我做主，你班的小钊打了我……”校值日生抽噎着。小钊倒是一副满不在乎的样子。在我的询问下，弄清了事情的来龙去脉：小钊因为仪表不整洁，被值日生拦住，他便动手打了值日生。我还没开口，他便理直气壮地说：“谁叫他让我在那么多人面前丢脸，我当然要打他。”其实，类似的事情在他身上屡有发生，例如：上课不遵守纪律，注意力不集中，经常搞一些惹人发笑的恶作剧，面对老师的批评和同学的指责，他当面毫不在意，背后却谩骂开来；体育课上输了篮球比赛，他暗自不服，于是放学后在校外把进球最多的同学揍了一顿……

面对小钊的恶劣行为，我狠狠批评了他，随即又把他的情况向他爸爸说明了。隔天，他来上学的时候，手上贴了创可贴，大腿上布满了伤痕，上衣中间掉了两颗扣子。我心里一颤，忙拉着他询问了起来。“这是昨天晚上给我爸打的，哼，总有一天，他会拿我没办法的。”看着他凶狠的目光，我心里充满了愧疚亦充满了担忧，没想到我的一个电话，却让他受到这么大的伤害，我更没想到小小年纪的他，攻击性与报复心这么强，我拿出了红药水，为他擦洗了伤口，并拿出针和线，准备为他缝好衣服。他连忙说：“老师，没关系的，我习惯了。”

面对这样的一个学生，我明白光是关心、说教显然是不行的，得从心理的成因去研究对策，对症下药。

二、干预计划

经过详细的研究，我制订了对他的教育干预计划。

（一）制订计划，整合多方干预资源

对症才能下药，找到小钊产生行为问题的根源，才能根治。我通过多种途径与方式，先后找到教过小钊的老师、同学、家人了解情况，从中了解到。原来，小钊的父亲具有轻微暴力倾向，从小对小钊实行的是“棍棒教育”，在这样的家庭教育下，小钊也形成了攻击性行为。由于教师对小钊的屡次说教收效甚微，也就把他列为“差生”，于是，小钊也就破罐破摔，心安理得地当起了“差生”。对这样一个受不当家庭教育影响以及缺少关注从而导致个性偏执，具有迁怒性及模仿性攻击行为的学生进行教育转化，必须联合各方面的力量。于是，我与科任老师、班干部、家长等一再沟通，制订了详细的“行为改变计划”，开始对他进行各方面的行为干预。

（二）提出期望，激发学生自我认同感

我知道，面对这样的学生，说理、威逼、利诱等方法他已司空见惯，我必须另出奇招。班会课上，我与学生商量，我说：“你们需要别人照顾，谢老师也一样，我们一家人要互相照顾对不对？”“对。”“那老师需要一个同学当我的秘书，照顾我，你们谁愿意？”同学们一听都笑了，考虑了一会儿，几个同学举起了手，我把期待的目光投向小钊，他也慢慢举起了手。我慢慢说：“那就请小钊来照顾老师吧，他有力气，又讲义气。”同学们都笑了，小钊也笑了。

下课时，我把他拉至办公室，对他说：“你是老师的秘书，就是老师最亲近的人了，以后，你要照顾好老师，还要多帮忙一些事务，你能做到吗？”“老师，我试试吧。”“老师相信你能行的！老师知道你有一些缺点，但没关系，我会帮你，你愿意吗？”小钊感激地看了我一眼：“谢谢老师，我会努力的。”

“秘书”一职既表达了我对小钊的信任与期望，也是对小钊的认同，而从老师的信任中，小钊也产生了自我认同感。“亲其师，信其道。”我知道，已与我拉近了心理距离的小钊，会听从我的引导的。

（三）行为干预，加强学生自我控制力

1. 实施家庭教育行为干预

对小钊的教育，我选择了从他的家庭入手，尝试改变其家庭教育环境，对其家庭教育行为进行干预。我同他父母进行了一次诚恳的谈心。通过谈话让他们明白了孩子的成长离不开良好的家庭教育。同时，我还对他们提出了建议：多抽一些时间来关心他的学习和生活；当孩子有错时，要耐心开导，不应辱骂、踢打。

在与小钊的家长多次交流之后，他们开始改变以往的家庭教育方法，抽出时间真正去关心小钊。在随后的时间里，当小钊犯错时，他的父亲也极少用打骂的方式对待，而是采用了讲道理的方法。由于家长采用了疏导的教育，小钊的家庭心理教育环境得到改善，为他的进步打下了较好的基础。

2. 实施攻击性行为干预

（1）沙包发泄

我和小钊进行了一次长谈，以商量的语气对他说："小钊，你这么冲动，终有一天会出事的，要不这样，老师给你几个小沙包，你身上带一个，生气的时候就用力捏它，用于提醒自己不能欺负同学，也可以释放一下自己多余的能量，你看，这个方法可行吗？"小钊想了想，同意了我的建议。

（2）表格记录法及代币奖励法

在取得小钊的同意之后，我给了他一张表格，让他自己用正负号做好记录，并让纪律委员及班里同学对他进行监督，每天分上下午记录。如果没有招惹同学、没有动手打人便记个"+"号；如果做不到，就记个"–"号；如果这一天刚好都有，那么就互相抵消；如果有两个正号，就能奖励他听十分钟的歌。累积十个"+"号，而"–"号少于三个的话，便能得到一张班级特有的"嘉奖令"，一张"嘉奖令"可以换一朵康乃馨在母亲节送给妈妈，这是班里学生喜欢争取的。他高兴地接受了。我也及时把这做法与小钊的父母进行了沟通，取得了家长的支持。

（3）允许过程反复

第一天：第一次实施，小钊紧张得如同上战场，紧紧地捏着沙包。看着他的模样，有的同学不小心笑了出来，他看见也忍了下来。我赶紧表扬他说："看来，你还是蛮有自制力的嘛。"他得意地看了我，在表格中写了个大大的"+"号。第一天他获得了两个"+"号，也获得了十分钟听歌时间。

第三天：小钊的母亲打电话说小钊在家面对邻居孩子的挑衅，忍住没去理睬。听到反馈，我有些许高兴，但我知道，还得继续关注，攻击型的孩子情绪较不稳定，要彻底进行转化，还得需要一个过程。

第四天：一下课，小钊摇头晃脑地想走到操场散散心，这时，因为顾着玩手上的沙包，一不留神碰到了正在着急补作业的小张，小张一急：“你凭什么撞人，混蛋。”“你骂谁？”“谁接话就骂谁，真混蛋。”同学们都看好戏似的看着小钊的反应，他脸上挂不住，举拳便朝小张挥去……

听到消息我急忙赶过来，制止了事情的发展。我对小钊说：“该记哪个符号，你自己看着办吧。”小钊争辩着说：“老师，这次是他先骂人的，我是不小心的。”我盯着他说：“我们约定的是没有动手打人便记个“+”号，如果做不到，就记个“-”号，记得吗？”小钊想了想，无奈地在表格上记了个“-”号。然后，我批评了两个同学各自的不当之处。

接下来，类似这样反复的情况还是会偶尔发生，但情况越来越好了。

（4）让手有事可做

在教育小钊的过程中，我发现他与班里篮球打得好、成绩与纪律也好的小吴同学关系比较好，于是我动员小吴去帮助他，把小吴调到他的旁边，督促他学习，并在课余时间与他切磋篮球。由于课余时间经常与小吴切磋篮球，小钊的手忙得很，也就没多余的时间去攻击别的同学了。在与小吴接触的过程中，小钊在心理上已经接受了小吴，并受他的影响，慢慢地懂得了去学习别人好的方面。

3. 实施情绪干预

在行为干预的同时，我还注重及时对小钊进行情绪调控，引导小钊宣泄负面情绪，教他一些控制情绪的方法：当情绪不稳定时，可以大哭大叫一番；可以进行一些运动，如慢跑、打篮球，让不良情绪得以发泄；通过一些有针对性的游戏来转移不愉快的感情，缓解消极情绪。同时，培养小钊换位思考的能力，使其体会到攻击行为给别人带来的不快与伤害。

（四）多方评价，增加学生自尊心与自信心

1. 过程性与总结性评价相结合

在转化的过程中，我及时对小钊的良好行为做出肯定性的评价，也注重对小钊一些反复的坏习惯进行批评指正，允许小钊行为反复，在反复的过程中不断修正。鼓励小钊进行自身纵向对比，每周一次对小钊变化情况进行总结，让他不断看到自己的进步。

2. 多方评价促进步

对小钊的评价有老师的评价、小钊自己的评价、家长的评价，呈现出评价主体的多元化。此外，集体对小钊的认同感也是非常重要的。因此，我大力动员集体对小钊进行帮助，让小钊体验集体的温暖。

我深知攻击型的孩子很多时候是因为缺少朋友，缺少别人的关注，才会用攻击的行为引起教师及同学的关注，以达到突显自己或保护自己的目的。因此，在干预的过程中，我重视集体监督，也重视集体的教育力量。我时刻在寻找机会，终于让我等到了机会。一天早上，我到学校的时候，有几个同学向我跑来，急着向我汇报：小钊在学校里捡到了十块钱，已经交给了主任，我心中一喜，决定抓住这个契机来鼓励他、感化他，并在班集体中形成互相帮助、互相关注、互相监督的氛围。

回到班里，我故意让那几位同学在全班同学面前把那件事讲出来，并当着全班同学的面表扬了小钊，看着他高兴的样子，我趁机组织了一个小活动：让小钊说说自己的优点。他站了起来，不知所措，好久蹦出一句话："我没有优点。"说完便把头埋到了胸前。同学们都愣住了，一阵短暂的沉默之后，同学们七嘴八舌地列举了他的优点：如果老师有什么不好拿的东西，他会主动上前帮忙；如果有同学东西没带，他会大方地借给同学……在同学们的赞扬声中，小钊涨红了脸，感激地望着同学。我趁机提出了更高的期望，小钊笑笑说："谢谢大家对我的肯定，我会努力做到，请同学们帮忙监督我！"在同学们的集体评价中，小钊感受到了同学们的善意与关怀，感受到了集体的温暖，也增强了他战胜自我的决心。

通过一段时间的行为干预，通过家校共同的努力，我们渐渐打开了小钊的心门。他已经会自己主动登记表格了，他得到的"+"号越来越多，慢慢的，他改掉了随意攻击别人的行为。昨日的问题少年已渐渐转变成一个让人喜欢的学生。虽然他还有很多方面的缺点，还有偶尔的反复，但犯错总是难免的，我相信，只要继续坚持，他的心理能够越来越健康。

三、教育感悟

面对有攻击行为的孩子，不管老师和家长采用哪种方式来帮助他，重点都在于尊重孩子，以孩子为中心，改变其周遭环境，减少环境的刺激。要给予孩子适当的关心，不忽略小事，将小事分析清楚。给予孩子正确的引导，让孩子在儿童期形成良好的习惯，留给孩子的将是一笔巨大的财富。

（本文 2017 年发表于国家级刊物《中小学心理健康教育》）

第五节　行为偏差学生辅导案例之嘴之"罚"

对行为偏差学生的教育是班主任最为头疼的问题，也是教师们努力探索的方向。事实证明，采用空洞说教或者惩罚教育的方式往往会事与愿违。一个教师能够理智地爱学生，采用多种方式艺术地处理学生出现的问题，并对处理方法进行反思，提取有效的教育措施以便借鉴，这正是教师专业素质的体现。本节通过呈现行为偏差学生的案例，从案例中反思，总结出处理方法，对班主任的工作开展有一定的借鉴作用。

一、案例呈现

我班的胖胖小涛那张管不住、爱说话的嘴可差点让我没了辙，请让我先截取开学两周他那张嘴犯下的几桩劣迹吧。

美术课上，老师认真地在为同学们示范，突然，有人嘀咕开了，老师头也不回地说："小涛，小声嘀咕什么呢？"没想到他理直气壮地说："我没说谎啊，是不好看啊。"还挑衅地与老师对峙着，气得老师把状告到了我这里。

隔壁班一位同学买了一个新书包，同学们都羡慕不已。"这算什么，我见过的米奇书包那才叫漂亮。"唉，路过的小涛又管不住嘴巴，对同学泼起了冷水，气得那位同学冲过来就给了他一巴掌，若不是我及时赶到，一场大战是在所难免的。

……

幸好，开学两周，在我的关注与包容中，小涛的表现还算好，但现在看来，苦口婆心的教育是不起作用的，我决定寻找机会给他下几剂猛药。

那天，在自己班上课，小涛讲起了小话。我用眼神制止了几次，没有效果，于是我很气愤对他吼道："不想上课了是吗？"他听了，与我对峙了一会儿，居然跑到教室外站着。嘿，看样子是跟我较真了。你这么倔就让你冻着，孔明还挥泪斩马谡呢，我就这么不忍心吗？

站了一会儿，看着他冷得双手瑟缩在寒风里，我又生气又心疼，孩子还小，自然有些任性，难道就不能理解吗？又转念一想，这不是最好的教育时机吗？

想到这，我趁学生做练习之际，走出去对他说："这样，你难过我也心疼，不如我们换个方式，互相为对方写五个伤心的理由，谁有理，听谁的，这是笔和纸，快写，写完就进教室。"

写好后，他为我列了五个任他在教室外站着的理由。

（1）在下面讲话，分散同学的注意力，我必须制止。

（2）不制止他，同学会认为我偏心。

（3）错不制止，大错就制止不了了，就让他站着反思反思。

（4）不让他进来，他会冻坏的，但让他进来，同学们又会说我言而无信。

（5）他进来吧，我应该宽容和爱自己的学生。

我也列举了他五个伤心的理由。

（1）讲一次小话有什么大不了，不是说要理解我们吗？

（2）不上课就不上课，这么不给面子，我就不回去，至少在同学面前神气一会儿。

（3）你就真忍心冻我吗？平时还说爱护我们呢，今天我就看看你有多爱我们。

（4）我这样她都不心疼，就让我冻着吧。

……

我还没说完，他已经忍不住哭了起来。我小声说：“下课到我办公室吧。”他点了点头，我见事情有了转机，马上高声说：“小涛同学知道错了，那就下课再说，现在就请我们受寒风检验的英雄回来。”他“扑哧”一笑，飞也似的跑到座位上了。

下课了，我刚到办公室，小涛就紧跟着进来了：“老师，对不起。”我拍拍他的肩膀：“知道错了，老师罚你服不服？”“服。”小涛一副豁出去的样子。好，看来时机成熟了。“首先老师要罚你——”我顿了顿，小涛紧张地看着我，“罚你把这杯开水喝了，别让无辜的身体受寒。”小涛的眼睛又红了。“第二，你今天做错了事，要做一件好事来补偿，还得写张犯错说明书。”小涛心悦诚服地点头。“第三，你是个聪明的小男孩，口才好……”我刚说到这，小涛赶紧说：“是的，我要锻炼好口才，以后我要当大律师，伸张正义。”我顿时高兴起来，原来这个调皮的小孩还有如此远大的理想。我决定因势利导：“你的口才是很不错，也有远大理想，可是，律师需要渊博的知识，需要有良好的道德品质和心理素质，按照你现在的状况，能实现理想吗？”小涛又惭愧地低下了头。“这样吧，既然你爱说话，不如多看书，然后在每天的课余时间给同学们说说相声，讲讲故事行吗？”“行行行。”小涛连忙答应。“这是最后的惩罚了，”我当场就写了一封信，然后把它装到一个不封口的信封里，“把这封信交给你妈妈。”“老师，你要请家长吗？”这是可能害怕老师的告状会让他挨打吧。我微笑地看着他，小涛犹豫了一下，不过他还是很快地接过了信封。

第二天早上，小涛又跑到了我办公室：“老师，谢谢你，我以后一定会控制自己的嘴巴，听你的话。”我开心地笑了。因为给家长的那不封口的信里，我写的是：小涛同学聪明机智，尊敬老师，口才好，有远大的理想，请家长加以关注，加强教育。结果，小涛的妈妈把这封信贴在了家里的荣誉墙上了。

经过一段时间的坚持，小涛现在成了班里的演讲家，他在为他的律师梦努力着，同学们都越来越喜欢他了，他的自律能力也越来越强，家长也经常与我交流情况。呵，还有什么比看到自己的学生进步更让人开心的呢？

二、自我反思

学生经常会犯错误，甚至会蛮不讲理，像案例中发生冲突时，如果教师不能冷静对待，而是板起面孔训斥，并向家长告状，结果会是怎样呢？我想，不仅达不到教育孩子的结果，或许还会造成师生间、教师与家长间的成见和敌意。作为教育工作者，面对像小涛这样的学生，确实有许多的问题需要我们认真思考，谨慎对待。

教育是一门学问，一门艺术，更是一种睿智。一位好的教师要对学生有负责的态度，也要有教育学生的艺术。通过以上案例，我深深地体会到：当学生犯错误时，教师要保持冷静的态度，把事件当作是一个教育契机，在给予适当的惩罚教育时，也要从当事人本身发掘积极的教育因素，从另一方面给予尊重，长善救失，这种做法既宽容大度又可以激发学生改过求进的欲望，拉近师生之间的心理距离，从而使教育事半功倍。对小涛的教育能够奏效，也是因为能意识到这些吧。

三、教育延伸

（一）理智制怒——退一步海阔天空

理智制怒即要能控制自己的情绪，不发怒，不冲动。有理智才有机智，才有教育艺术。理智制怒，是每个老师，特别是班主任必备的修养和教育技能。

俗话说，冲动是魔鬼，如果不加以控制，必定会让我们失去理智，感情用事，采取一些不恰当的方式处理学生问题。这样不仅会让学生远离班主任，导致教育的失败，而且极有可能激起学生的强烈不满和对抗，让自己陷入极其尴尬的境地。因此，对突发事件，包括学生对自己的“不敬”事件时，不要急于与学生针锋相对，当场“开火”，而是宜冷不宜热，宜静不宜动。也就是要理智制怒，进行“冷处理”，给各自一个反思与冷静的空间，以寻找解决问题的最佳方法。同时，要有足够的耐心和爱心，以宽容和耐心唤起学生心中的自律。

（二）换位思考——蹲下来看学生

与学生换位思考，即要求教师要“蹲下来看孩子”，从孩子的角度出发去思考问题，看待问题。现实中，很多老师在教育学生之后，没有达到想象的效果时，多半觉得委屈。事实上，学生做了错事时，我们经常采取一些责问、训斥、罚站等做法，这样的做法学生怎会不怕，怎会不反感，怎会有安全感？设想一下，没有安全感的教育怎么会有效呢？其实，与其这样大动肝火，不如宽容、谅解、体贴入微地感化。

假如我们站在孩子的立场观察自己熟悉的世界，你会发现许多陌生的东西。换一个角度，才会体会到孩子在成人世界里所面对的困难和困惑，从而对学生产生由衷的同情和尊重，获得学生的信任。这样，我们的教育就一定会少走弯路，少犯错误，也不会发出“学生太笨，太难教”的牢骚了。

当然，这种“蹲下来看学生”并不是指对学生姑息迁就，而是从学生的认识水平、心理特点和接受能力出发去选择恰当的教育策略。我们只有与学生换位思考，才会知道他们想要什么、想说什么，才会真正懂得怎样去引导他们、教育他们。从学生的实际出发，循序渐进，才会不断提高。

（三）慎请家长——保持“家长”的永久威慑力

在学生犯错时，很多老师的做法是请家长。真的一定要请家长吗？请来了家长，已经可以说是向学生亮出了底牌。请来了家长又如何？处理不好，家长怨老师，会让老师失去威信；或者让学生得到一顿打，对老师怀恨在心。久而久之，学生就会觉得请家长也不过如此。我以为，请家长就如摆“空城计”，亮出底牌不如让它保持永久的威慑力。

（四）适度惩罚——让爱的教育更完整

教育家孙云晓说：“没有惩罚的教育是不完整的教育，是脆弱的教育。”面对犯错的学生，采用适度的惩罚是非常必要的。但这种惩罚应该是爱之罚，是学生理解了老师的苦心与爱心之后心甘情愿地受罚。案例中我的做法是让小涛去做一些好事来弥补自己的错误，写犯错说明书说明自己的心理过程以及反思的结果，并进行“嘴之罚”，让他制订“行为改变计划”，逐步改变不良习惯，收到了良好的教育效果。

（五）赏识激励——发掘优点长善救失

人需要赏识，学生更不例外。每个学生都有他的优点，即使是后进生，在某些方面也存在一些闪光点。因此，班主任老师要利用好这些优点，长善救失，因势利导。赏识教育要求教师用放大镜去发掘学生可供赏识之处，善于寻找和发现学生身上的闪光点，正确引导，精心培育，使之发扬光大；更要求教师对学生的错误尽可能地谅解、宽容，并制造一个改正错误的机会，在与学生建立互信的基础上指导学生自我反思，让学生进行真切的体验与感悟，并在进步的过程中更清晰地认识自我、评价自我，从而达到自我教育的目的。“一沙一世界，一花一天堂”，愿老师们能关注每一个学生，赏识每一个孩子，让他们的心灵得到舒展，让他们能在师爱的光环下茁壮成长。

（六）出其不意——不封口的信封寄期望

我们面对的学生是活生生、性格迥异的个体，个体不同，采取的教育方法当然不能千篇一律。兵法有云：“出其不意，攻其不备”，有时采用出人意料的教育方法，才能出奇制胜，收到事半功倍的教育效果。在案例中，我采用不封口的信封与学生家长交流，用文字表达了老师对学生的期望，体现了教师对学生的信任；同时，出乎学生的意料，信中不是向家长告状，反而提出了学生的优点，让家长协助发扬学生的优点，既达到了让学生自我教育的目的，又用父母的肯定达到了协助教育的目的。

写至此，我又想起了陶行知先生写的一首诗：

你这糊涂的先生！
你的教鞭下有瓦特。
你的冷眼里有牛顿。
你的讥笑中有爱迪生。
你别忙着把他们赶跑。
你可要等到：
坐火轮，
点电灯，
学微积分，

才认他们是你当年的小学生？

别忘了，你的学生，没有差生——只要你不把他们当差生，采取适当的教育方法，使他们正确认识自我、评价自我、发展自我，每一个学生，都是优秀生！

第六章

“匠心型”班主任专业成长共同体培育

“凡是艺术家都须有一半是诗人，一半是匠人，他要有诗人的妙悟，要有匠人的手腕。”

——题记

在各级各类名师名班工作室日渐增长的形势下，作为省级名班工作室主持人，该如何发挥作用，借助工作室平台，引领工作室成员甚至是整个地域德育队伍的成长吗？是借助成员力量为工作室平台造势，还是借助工作室平台服务于学员的特色成长，最终实现互相促进，共同成长？近年来，广东省中小学名班主任谢壁妆工作室以培育“匠心型”班主任专业成长共同体为目标，力求培养出一批既有教育管理艺术，又有自我教育风格与特色的创新型班主任，期望通过示范、引领作用，促进班主任向专业化发展，以此带动潮州市更多教师成为优秀德育教师，成为智慧型、专家型班主任，协助建设潮州市班主任人才库。同时，工作室响应市教育局号召，挑选经培养已较成熟、形成自己特色的核心学员，建立工作坊，带动学员学校及其周边地区学校骨干班主任成长，与工作室形成层级管理，加大工作室辐射范围。经过近三年的实践，各工作坊逐渐形成自己的培养模式，提炼工作坊特色，在各区域发挥着辐射示范作用。部分工作坊主持人也已成长为市级工作室主持人。

朱光潜先生对艺术家有这样一段精妙论述：“凡是艺术家都须有一半是诗人，一半是匠人，他要有诗人的妙悟，要有匠人的手腕。”其实，这同样适用于班主任，诗心是“致广大”，匠心是“尽精微”；诗心是“向美而生”，匠心是“落地生根”；诗心是“仰望星空”，匠心是“脚踏实地”，唯实现两者的完美融合，才能实现教育的尽善尽美。我们期待以诗心和匠心做双翼，在教育的大地上飞翔。

第一节 “匠心型”班主任成长共同体成长之路

习近平总书记在系列讲话中，对广大教师提出明确指示与要求，要求广大教师做“有理想信念、有道德情操、有扎实学识、有仁爱之心”的“四有”好老师，做学生的“四个引路人”，教育工作要做到“四个相统一”。《中国教育改革与发展纲要》中也明确指出：“振兴民族的希望在教育，振兴教育的希望在教师。建设一支具有良好政治业务素质、结构合理、相对稳定的教师队伍，是教育改革和发展的根本大计。”班主任专业水平的高低直接影响学生素质的高低，班主任的专业素质越高——具有先进的教育理念，具有人格魅力，充满教育智慧——学生的素质就越高。优秀的班主任能以先进的理念引领班集体的建设和学生的价值取向，促进学生的全面发展。以培育“四有”好老师为目标，结合《中国教育改革与发展纲要》、结合学校的“悦文化”理念，借助广东省中小学名班主任谢壁妆工作室，枫溪小学一直致力于班主任专业能力的提升，致力于班主任专业成长共同体培育。

纵观笔者所在学校，班主任绝大部分为中青年成熟教师，其中不乏市、区名班主任，队伍整体素质良好，具有强烈的责任心和奉献精神，也有一定的理论知识和管理经验。但是，也有老师存在“不愿做”和“不会做”的问题。毫无疑问，我们都希望减少“不愿做”“做不好”的班主任的比例，增加优秀班主任、专业班主任的比例，从而让更多学生从被动接受教育状态进入享受教育生活状态。因此，加强班主任队伍建设，推动班主任的专业化发展刻不容缓。

针对上述问题，学校借助省班主任工作室，在借鉴前人经验的基础上，结合学校的实际情况，以学校“悦”文化理念为引领，探索班主任专业化发展的策略与有效途径，唤醒班主任专业意识，形成班主任育人思想和班级管理特色，培育班主任专业成长共同体，促进班主任专业化发展。

一、以“悦”文化理念为引领，提出班主任成长共同体的培育构思

（一）形成基础

学校文化是学校的灵魂，是师生共生共长的精神源泉和行动指南。枫溪小学作为文化名城潮州一所有着百年办学历史的小学，在深厚的潮文化、瓷文化底蕴滋润下，经百年的锤炼、积淀，形成校园“悦”文化。悦即喜欢顺服、乐观豁达、积极有为。悦己、悦人、悦事、悦志已成为学校的精神标识。学校的悦文化，倡导的是一种快乐学习、工作的感受，表达了对事、对物美好和谐的欣赏与感谢；倡导的是一种状态，表达了在学习、工作和生活中追求自身价值实现，却又不急功近利的行为表现；倡导的是一种境界，表达了对己、对人、对事心胸坦荡的接纳与包容。

（二）内涵解读

班主任成长共同体，是以共同愿景为基础、以教育实践为载体、以共同学习、合作研究为形式，从而提高班主任团队和个体专业成长的组织。

因此，我们结合学校文化理念，提出培育班主任专业共同体，期望创建一支“悦己、悦人、悦事、悦志”师德高尚、业务精湛、经验分享、彼此激励，各美其美、美美与共的班主任学习团队，以助推班主任专业化发展。

二、以持续发展为愿景，形成培育班主任成长共同体的运行机制

（一）注重班主任的选拔和培养

班主任是学校德育工作的主力军，也是学校管理工作的主力军，是学校德育工作能否取得实质性成效的关键，也是学校形成良好校风、教风、学风，不断提高教育教学质量的关键。选拔和培养班主任，学校应从以下几个方面入手：

（1）班主任要有良好的道德素质和师德修养；

（2）班主任要有敬业奉献精神，对学生有爱心；

（3）班主任要有开拓创新意识；

（4）班主任要有精良的业务知识；

（5）班主任要有较强的组织协调能力；

（6）班主任要能够以身作则。

学校从以上几方面选拔和培养班主任，学校的班主任队伍建设就会不断加强，成为学校的主力军、生力军。

（二）建立健全班主任管理机制

1. 坚持考核，重视班主任工作规范化与科学化

学校应以班主任工作常规考核班主任工作，规范其言行，加强工作的过程管理，通过日检查、周评比、月总结的量化考核，将班主任工作的追求点转移到注重教育和管理的过程上来，把班主任基本功转化为培养学生能力，提高学生全面素质上来，使班主任工作更加制度化、规范化、科学化。

2. 激励为主，建立健全班主任激励机制

班主任工作十分辛苦，为此，我们在激励措施上应该向班主任倾斜，并建立起激励机制，以激发班主任工作的热情，可以从以下方面入手：

（1）在评优选先活动中，同等条件，适度优先考虑班主任；

（2）以“量化评比”为推动，激发班主任工作的热情，如学校建立了“枫溪小学班主任考评表”，把班主任的各项工作进行量化评比，最大限度地调动广大班主任的积极性、主动性、创造性，建立班主任专业发展的长效机制；

（3）重视师德反馈。学校通过问卷、座谈会听取学生、家长和任课老师对班主任师德表现的反映，作为优秀班主任评选的依据。

（三）重视培养后备力量，促进青年班主任尽快成长

我校青年班主任占全校班主任的一半以上，青年教师已成为教育战线上的主力军。他们有知识、有头脑、有朝气、有热情，所缺的是工作经验。因此，加强班主任队伍建设的首要工作是尽快加大培养青年班主任的力度，通过各种途径抓好青年班主任队伍的建设。

1. 举办青年班主任培训班

培训班每学期一期，以讲座形式进行，每次讲座确定一个主题，由有关

专家、名师和学校负责人授课。培训主要围绕学习相关政策法规、职业道德规范、班级管理知识、基本功训练等方面进行，使班主任掌握并增进相关的专业知识，指导具体工作实践。

2. 认真抓好班主任“传帮带”工作

每位青年班主任上岗后，都要与富有经验的老班主任签订“青蓝合同”，结成师徒关系。指定经验丰富的优秀班主任和段长进行传、帮、带，组织学习《班主任工作手册》，要求新班主任学习老班主任的高度责任心是抓好班主任工作行之有效的方法。

三、以推动专业发展为目标，形成班主任成长共同体的培育策略

（一）美美与共——团队成长共同体培育策略

1. 引领理论学习，培育有仁爱之心的班主任

我们注重加强对班主任的政治思想教育、职业道德教育、业务素质教育，提高班主任的综合素质能力。组织班主任学习中共中央、国务院发布的《关于进一步加强和改进未成年人思想道德建设的若干意见》《中小学德育工作指南》《中小学开展弘扬和培育民族精神教育实施纲要》等文件。

提倡讲师德、讲正气、讲和谐、讲奉献的师德教育，使我们的班主任老师达成了这样的共识：作为班主任老师，必须具有为教育事业无私奉献、甘为人梯、乐为人梯、善为人梯的精神，从而进一步强化班主任老师爱岗敬业、热爱学生、教书育人、为人师表的使命感和责任感。

2. 以“思政课堂”为主阵地，培育有理想信念的师生共同体

学校以道德与法治课教学作为学生思想教育的主阵地，重视班主任队伍政治素养的提升和学生的思想教育。

（1）定期进行学习。学校设立思品教研组，在学校开展专题培训，包括党课与思政课老师专题培训会。在专题培训中，进行思想道德建设，坚定班主任的政治立场，不断提升班主任本身的政治素养与道德情操。

（2）重视课程落实。学校落实授课教师与授课任务，重视道德与法治课的落实与推广。在长期的研究过程中，我们形成了校本教学模式：以学生

为主体，重视学生的体验与参与，让他们有所感所获；以教师为主导，依托教材，把理论讲深讲透讲彻底，以体验活动为主要形式，对学生进行价值观引领，帮助学生树立正确的三观。在课程落实中，师与生都在不断提升和发展。

3. 以“课题研究”引领前行，提升班主任专业素养

近年来，我们承担了“小学主题班会设计的实践研究”“区域性有效家校互动模式的探究”“基于自主发展和社会参与小学家校共育校本课程构建的实践研究”“发展中地区推动小学班主任专业化发展的实践研究”等省、市级科研课题，这些课题有计划、有研究步骤。在实践中，学校要求以级为单位申报子课题，做到人人参与，教师再根据班级特点，确定个人的研究方向，逐步进行科学研究，不断提高教育教学水平，不断提升班主任的专业素养。

4. 以“专题培训”夯实理论根基，为专业成长提供路径

为提升班主任班级管理能力，分享班级管理的智慧与经验，促进班主任的专业成长与发展，学校立足实际，根据班主任工作中遭遇的瓶颈问题，借助课题研究，开展系列专题培训。从 2017 年开始，学校进行系列化专题的班主任培训，一年多间，已召开近十场班主任专题分享会，我们一直行走在专业成长的道路上。

定期开展学校班主任交流会，使学校班主任工作更有技巧，更具艺术性，提高班主任的专业素养与师德修养。

（二）各美其美——个人特色成长培育策略

1. 以“成长规划”为发展导向

“凡事预则立，不预则废。”班主任的成长规划对于班主任的专业成长以及教育教学生涯都具有无比重要的意义。首先，班主任的成长规划可以让班主任确立自己的事业发展目标。其次，教师职业生活规划能够让老师更客观、更全面、更理性地认识自己。再次，班主任的成长规划有利于教师本身的终身发展。所以，课题组成员为实验对象设计了“枫溪小学班主任成长规划表”，以“成长规划”为导向，引领发展方向，成员及时撰写总结，让成长轨迹物化、具体化，这也是工作室让学员进行自主研修的一项举措。在整个

过程当中，班主任们不断调整思路，完善自身成长策略。

2. 以“专业写作”促内化提升

“时教时思，不惘不殆！”写作，也是反思积累成长的一个过程，工作室通过“专业写作”，促进成员对自己的教育行为进行反思，做出评价，并逐渐打造属于自己的特色。

专业写作包括心得体会、论文、成长故事，撰写学生教育案例、设计班队课活动方案等。班主任们围绕每学期的专题进行论文撰写，并评出一、二、三等奖，计入班主任考评中，作为班主任评先进的一项指标。在专业阅读与专业写作中，夯实学员理念根基，反思自身教育教学行为，不断更新教育理念，在专业写作进行思维碰撞，不断内化提升，从而产生教育智慧。

3. 以“专题分享”促个人特色提炼

学校每个学期围绕一个专题进行培训，形成“专题专项培训—专家专题分享—骨干班主任展示—专题总结提升”培训模式，开展系列专题培训，借此推动骨干班主任形成自己的特色，也一直致力于搭建班主任老师学习、交流、借鉴的平台，力求让更多优秀的班主任走上台，分享带班经验，分享教育技巧。在专题培训的促进下，带动了一大批班主任形成了自己的特色。

四、以“访学互动”为纽带，发挥辐射引领作用

借助省工作室，我们把潮州地区的优秀名班主任与学校的骨干班主任凝聚在一起，形成了互促共进的班主任团队，培育了一大批名班主任，并不断向区域学校发挥辐射引领作用。

1. 与各类平台合作组织大型培训活动

（1）2017 年承办了潮州市枫溪区教育办公室委托的第三批中小学名班主任培养对象集训活动。

（2）2016 年承办了潮州市教育局委托的第四批中小学名班主任培养对象集训活动。

（3）2016 年承办了潮州市教育局委托的第四批中小学名班主任培养对象（小学部）“成长故事叙述”大赛。

（4）2016年承办了潮州市教育局委托的第四批中小学名班主任培养对象（小学部）主题班会课评比活动。

（5）2008年，工作室与枫溪区教育办联合举行了“枫溪区第四批名班主任培养对象教育叙事大赛”，教育办聘请了工作室成员担任了此次大赛的评委。

（6）工作室与枫溪区教育办联合举行了“枫溪区第四批名班主任培养对象主题班会观摩比赛”，教育办聘请了工作室的成员担任了大赛的评委。

（7）工作室部分成员被聘请担任了“潮州市第五批名班主任培养对象主题班会观摩比赛”评委。

……

在大量活动中，班主任们不断探讨交流，共同摸索总结。通过现场展示，班主任们的教育教学技能得到磨炼，能力得到提升；通过大量的现场评课与研讨，老师们的评课水平日益提升。我们借助平台，走出去，请进来，交流做法，互相启发，互相借鉴。

2.“访学互动”辐射区域学校

我们的班主任团队把每月例会的“专题研讨”与“访学互动”两个活动结合在一起，既由轮到的专人选择专题开展分享活动，又为区域内学校送上校方所选的讲座或课例，例如“走进龙湖小学——讲座分享成果、课例展示特色”“走进绵德小学——班主任的专业成长”“走进东三小学、庵埠小学——工作室成员课题中期检查暨联盟工作室互动交流活动”。

我们的班主任团队通过“访学互动”活动，到区域各学校送课送讲座，推广工作理念，践行课题构思，分享特色做法。在活动中，成员得到磨砺，逐步成长为独当一面的地区性德育工作的领头羊，也通过该活动，对各区域学校的班主任队伍进行较专业的培训，极大促进了班主任队伍的专业化成长。

学校如何在新常态下进一步加强德育的针对性和有效性，我们在不断地思考着、探索着。

第二节 “匠心型”班主任成长共同体培育模式

一、工作室概述

广东省中小学名班主任谢壁妆工作室于 2015 年 5 月申报成立。作为省工作室，我们承担着培养市、区及学校名班主任以及骨干班主任的任务。为了更好地开展工作室工作，主持人在加强自身专业修养的同时，开拓多方教育资源和班主任培训资源，强调工作室的顶层设计，力图有目的、有计划、有步骤、系统地推动工作室工作的开展，减少盲目探索，提高工作室的培育效率。

在第一期工作室工作结束后，第二期于 2017 年 5 月正式启动，工作室着重从“组建团队、建章立制、自主规划、科研导航、活动辐射”五个方面开展工作，充分发挥名班主任的示范和辐射作用，促进了本地区班主任的专业化进程。

近年来，工作室培养成员 20 位，学员近 200 人，学习培训足迹遍布多地。3 年来，成员及学员们在专业成长上取得了很大的成绩，获省级以上奖项共近 60 项、市级奖项近百项；主持人及成员在《中小学心理健康教育》《中小学德育》《广东省中小学德育》《潮州教育》等省、市级刊物上发表论文二十几篇，工作室召开讲座交流近几十场，大型交流讲座十几场，范围涉及省内外、市内外、校内外；此外，主持人谢壁妆老师多次被聘为潮州市班主任技能大赛评委，荣获 2017 年广东省中小学优秀德育科研成果研究报告及论文一等奖，获评第七届潮汕星河辉勇师表奖、广东省文明实践中心教员，获潮州市青年教师素养大赛（数学科）一等奖。

在长期摸索过程中，工作室以“三同”为工作宗旨，以培育“匠心型”班主任专业成长共同体为特色定位，形成“工作室自培阶梯模式”，制定一系列的培养措施。“班主任专业成长共同体的培育”以解决学生教育、班级管理、班主任专业成长等关键问题为着力点，重点以省科研课题“发展中地区推动班主任专业共同体发展的实践研究”来推进班主任对班主任工作和专业化发展的内涵的理解和体验，科研导行，有效促进工作室的班主任群专业化发展。

二、背景与形成过程

在笔者所处区域，班主任专业化方面的研究比较零碎，名优班主任的培育缺乏一定完善的、系统的培育体系及模式。即使组建了某些团体，但因缺乏一定的约束和引领机制，班主任的专业成长仍处于滞后状态。因此，工作室建设早期，我们尝试形成一种班主任培训模式，让我们有章可循、有法可依。

早期的我们，完全处于摸着石头过河的状态，缺乏资源整合的意识。慢慢地，在市、区领导及专家引领与大力扶持下，我们借助工作室平台，集合优秀资源，加上长期的实践，构建了“匠心型”班主任专业成长共同体的培育模式，为本地区班主任专业化发展、工作室工作开展提供有实效性、有操作性、有科学性和指导性的借鉴。

因此，结合工作室成员的特点及工作室宗旨，我们提出培育“匠心型”班主任专业共同体，期望打造一支团结合作、经验分享、彼此激励、共同成长的班主任学习团队，助推班主任专业化发展。

（一）基于“价值追求”的培育班主任成长共同体的文化元素

顶层设计是有策略地开展工作室工作的第一步，这样能够减少工作室的盲目性和随意性，又能够宏观地把握工作室的发展方向。经过多方反复研究讨论，我们制定了文化发展元素。

1. 培育理念与顶层设计

确立“三同”工作宗旨，即“同心、同学、同行”，力图让工作室所有成员用心一起学习、共同行动，增强归属感和凝聚力。确立“两成”工作基点，即成全、成长。“成全”是指教师应该成全学生的发展；“成长”是指当教师成全学生发展之时，学生亦会助力教师的成长和发展。通过培育"匠心型"班主任专业成长共同体的目标，我们力求让成员对共同体有归属感、认同感，彼此在学习中交流，分享资源，共同成长，力求让工作室成为"激发班主任潜力、凝聚班主任合力、辐射班主任威力、焕发班主任活力"的平台。

2. 整合多方资源，形成共同体培育愿景规划

围绕着工作室的培育目标，我们做了全面的规划，如图 6.1 所示。

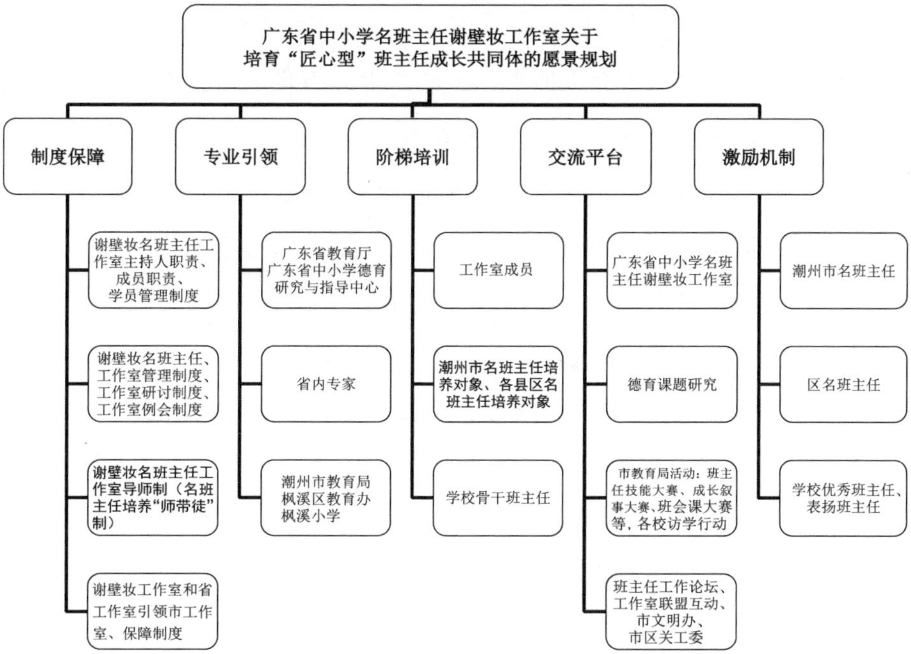

图 6.1 培育"匠心型"班主任成长共同体的愿景规划

（二）基于"三同"宗旨的培育班主任成长共同体的运行机制

1. 形成培育"匠心型"班主任专业成长共同体自培阶梯模式

工作室成立两年多来，我们不断摸索，逐步形成了较系统的"匠心型"班主任成长共同体自培阶梯模式。这一模式的基本建构如下：

（1）追求一个目标——培育"匠心型"班主任成长共同体，形成一支师德高尚、具有创新意识、业务知识扎实、教育教学和科研能力强的高素质班主任队伍。

（2）落实两个基点——教师的成长和学生的发展。

（3）培养三级梯队——主持人带领下的“工作室成员—工作室学员—区域班主任”发展梯队。

（4）完成四项研修——更新教育理念、加强师德修养、掌握专业知识、提升科研能力。

（5）通过五种途径——通过“师徒结对、自主研习、专题研讨、活动实践、课题研究”促进班主任的专业成长。

2. 培育“匠心型”班主任专业成长共同体的实施策略

工作室主要以课题研究为抓手，以活动实践为载体，以日常自主研习和集中合作研修为基本途径，实施“实践活动＋课题研究”培养策略。

（1）策略一：耐心专注 —— 以“成长规划”为导向，引领发展方向

为确保名班主任工作室扎实而又开创性地发展，工作室采用“师带徒”的导师制，由导师引领学员，制定切合自身的两年周期发展规划，以发展规划为导向，引领发展方向，成员及时撰写总结，填写成长档案，让成长轨迹物化、具体化，成员们不断调整思路，完善自身成长策略。

（2）策略二：精雕细琢 —— 以“活动实践”为载体，培育工匠精神

①以主题阅读充实成员内需

工作室要求成员在阅读中思考，在交流中成长。每学期结合实践活动进行主题阅读，如围绕“班主任叙事”“小学主题班会设计与实施”等，开展读书沙龙，交流收获，工作室为成员推荐并购买了多种书籍。除此之外，工作室还通过多种形式，努力提升成员的实践经验与理论水平。

②以专业写作促成员内化提升

工作室通过“五个一”专业写作，即“一叙事、一论文、一案例、一心得、一活动设计”，夯实成员理念根基，成员在写作过程中，反思自身教育教学行为，不断内化提升，更新教育理念，提升理论水平。

③以专题研讨促进教育智慧

工作室通过每月固定一次的例会，开展“每月专题研讨”，由工作室成员轮流选专题展开，已开展的专题有“同心相聚，同学相伴，携手同行”“科研

导行，共同提升”。成员面对面地进行专题研讨，谈论困惑，探讨策略，剖析案例，分享经验，不断取长补短，内化升华，互促发展。

④以现场展示促成员磨炼技能

工作室通过组织“成长故事叙述、主题班会示范课、主题教育课、专题讲座、班主任论坛”等教育实践活动，磨炼成员及学员技能。在策划过程中，学员与导师不断探讨交流，共同摸索总结；在现场展示中，学员的教育教学技能得到磨炼，能力得到提升。通过大量的现场评课，导师们的评课水平也日益提升。

⑤以网络互动拓宽成长渠道

互联网时代，信息意识的培育与信息工具的运用至关重要，工作室建立之初，我们就建立了网页、QQ 群、微信群及公众号，在群中定期发布消息，进行交流、探索，培育创新意识，拓宽成员专业成长渠道。

（3）策略三：匠心独具——以课题研究为抓手，促成员形成特色

工作室以课题研究为抓手，通过科研引领成员们形成自身特色，追求卓越。以第一期广东省科研课题“发展中地区推动小学班主任专业化发展的实践探究”、第二期总课题“‘匠心型’班主任专业成长共同体培育模式的实践探究”为引领，各成员根据自身优势开展课题研究，形成自身特色，取得的成果也在区域内得到推广，如表 6.1 所示。

表 6.1 “发展中地区推动小学班主任专业化发展的实践研究”的 7 个子课题

成员	课题研究方向	形成特色
谢壁妆	小学生情绪心理问题的调查与调适的研究	心理健康教育系列辅导案例及活动方案
吴淡玉	小学主题班会实效性的研究	小学主题班会课系列课程
杨少波	学生自我价值表现的探索	学生自主意识的培养途径
黄素蓉	班主任专业素养对班级文化建设影响研究	探讨班主任专业成长途径及班级文化建设
陈友林	小学高年级班级文化建设的研究	形成班级建设新模式
杨淑斌	打造“绿色”班级，营造美的氛围	形成班级管理模式
刘宜云	全媒体时代家校联动开展和谐家校教育的途径和方法	拓宽家校联系渠道，通过多媒体促进家校联动

其中，主持人围绕其课题“小学生情绪心理问题的调查与调适的研究”，引领学员及学校骨干教师进行实践、深入研究，形成了系列活动课例和活动方案，如表 6.2 所示。

表 6.2　小学生情绪心理问题的调查与调适的研究系列成果

序号	小学生情绪心理问题调适案例系列	活动课设计（配套课件）
1	小学生情绪心理问题的调查与调适的实践研究	正视自卑，认识自我
2	攻击型人格障碍学生情绪调适能力培养初探	为你我点赞
3	小学生学业消极情绪调节有效措施初探	交朋友
4	小学低年级学生厌学情绪的分析及解决对策探究	学会倾听
5	培养自信心理 塑造健康人格	快乐学习我做主
6	让孩子走出依赖的情绪，做自己的主人	当我生气了
7	如何引导低年级学生正确认识“紧张”情绪	我的情绪我做主
8	温室花朵变形记	别怕，我们有办法
9	消除厌学情绪 引导学生乐学	生气了，怎么办
10	小学生自卑心理的干预及辅导个案	扬起自信的风帆
11	一场生日宴会	我的情绪我做主——情绪管理
12	引导体验自信 促学生健康成长	体验情绪
13	引导学生正确认识自我	小学生“认识自我，评价自我，监督自我”主题活动
14	悦纳自我，走出自卑	宽厚待人
15	引导体验自信，促学生健康成长	调控情绪，做情绪的主人
16	引导学生正确认识自我	小学生情绪心理调适
17	“小刺猬”的美丽蜕变	调节情绪，搞好同伴关系
18	偏激，孤僻型学生情绪心理问题调适个案	与挫折做朋友
19	学生情绪心理健康教育个案辅导记录表	快乐的秘诀
20	浅谈小学生情绪心理调查与调适	成长的翅膀

（三）基于“共同成长”的培育班主任成长共同体的平台联盟

工作室联盟平台主要做法是省、市、区、学校四条路径同步走：一是与其他省名班主任工作室联盟互动；二是与潮州市名班主任工作室、市名辅导员工作室联盟互动；三是借助市文明办、市和区关工委，为成员提供发展平台；四是立足学校，对学校班主任进行系列化专题培训，每学期一主题，每月一次分享，既给工作室成员、学校骨干班主任提供走上台展示的机会，又以点带面促进班主任专业化成长。

三、创新与影响

（一）形成了可供借鉴的班主任培训模式

实现小学班主任专业化目标要在职前培养和职后培训一体化的通道中逐步完善发展，班主任能力的培养与综合素质的养成很大部分是通过班主任职后培训来完成的。工作室通过摸索，形成了自培阶梯模式，对小学班主任专业化发展进行了系统培训，也为本地班主任的培训提供了可借鉴的模式。

近三年来，工作室共申报了省市课题近 30 个，成员们接受了课题研究培训，带动了各自学校的科研课题的开展，环环影响，促进了成员及学员自身特色的形成，也因此推动了区域科研氛围的形成。

（二）促进学生全面发展，获得家长的认可

随着各种活动的开展、教师观念的更新、班级管理新模式的尝试，学生得到更专业的指导，能更好地全方位评价自己，逐步建立了自身成长发展所需的自信。同时，家校合作模式的尝试，家校课程的构建，提升了家长家教水平，获得了家长们的认可。

班主任的专业发展需要借助学校和其他力量，构成一个相互渗透、相互影响、相互作用的共同体。工作室坚持"以人为本"的科学发展观，尽一切可能为班主任的专业发展搭建平台，创设促进班主任专业发展的良好环境，推动班主任专业的可持续发展。

四、未来建设构想

（一）以人为本，双赢增效

工作室建设与管理要实现"以人为本"的策略，在未来的建设机制、常态

活动、资源挖掘和文化构建等方面，要根据成员的潜能与特长来开展工作，使之各施其能、各得其所，同时又能形成互相促进、互补短长的共同体。

（二）核心驱动，多元创新

工作室要以特色定位和工作宗旨为核心，通过合理地选择活动和平台促进团队的发展，同时，在实践当中不断反思，力求创新。

（三）问题导向，共生共长

在未来的建设中，我们将根据第一期的成果和存在的问题，进行发展思路重塑，以促进工作室以及成员、学员、学生的共生共长，主要做法如下：

第一，拓展学习方式，促进主持人及成员特色凝聚，打造名副其实的名师团队。

第二，拓展活动方式，拓宽师生互动成长途径及辐射引领方式。

第三，拓展思路，加强工作室特色课程建设，拓宽工作室成果推广方式。

朱光潜先生对艺术家有这样一段精妙论述："凡是艺术家都须有一半是诗人，一半是匠人，他要有诗人的妙悟，要有匠人的手腕。"其实，这同样适用于班主任，诗心是"致广大"，匠心是"尽精微"；诗心是"向美而生"，匠心是"落地生根"；诗心是仰望星空，匠心是脚踏实地。唯实现两者的完美融合，才能实现教育的尽善尽美。我们期待以诗心和匠心做双翼，在教育的大地上飞翔。

（本文 2019 年发表于省级刊物《解码名班主任孵化器》）

第三节 "匠心式"主题下的班主任成长特色发展

一、从迷茫摸索至构思提出

工作室所在地区班主任专业化研究比较零碎，名班主任的培育缺乏完善的、系统的培育体系和模式，也缺乏一定的约束和引领机制，使班主任的专业成长一直处于滞后状态。

因此，工作室在长期的摸索中，赋予了“匠心型”班主任共同体更为丰富的内涵：对于教师，我们期望打造一个“各美其美、美美与共、精益求精、追求卓越、具有创新能力”的名师团队。对于学生，我们把学生当成一件富有生命力与个性的艺术品，对学生进行“精心打磨”，促进学生全面发展，培养学生健全人格，力求使每一位学生成为精品。匠心型共同体的培育目标，最终在于促进学生的成长，以学生的成长成全教师的成长。

二、从零散发展至优势整合

基于省“十三五”教育科研课题“发展中地区推动班主任专业化发展的实践研究”，结合工作室全体人员的工作实践与研究专长，我们学习、实践、提炼，把零散特长变成优势整合，确立“匠心式”主题下六个递进式的板块，呈现为：“匠心型”班主任成长共同体的培育、“匠心型”班级管理实践研究、“匠心式”主题班会的设计与实施研究（包括“匠心主题班会的设计与实施研究”和“精致化微主题班会的创新尝试”）、同趣班级生活（包括“同趣家校协同育人”和“同趣班级生活”）、走心式心育个案研究、“匠心型”工作室发展模式。如图 6.2 所示。

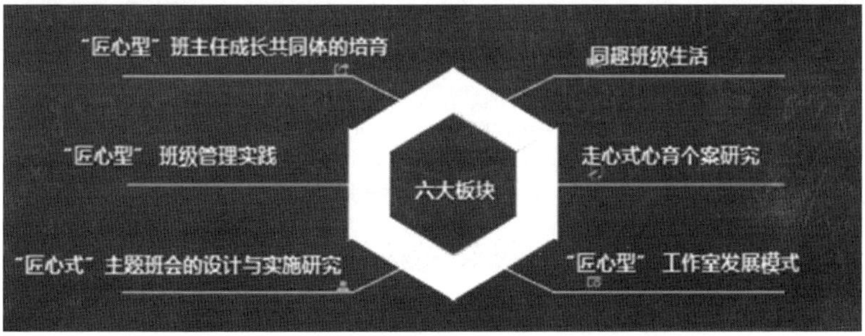

图 6.2 “匠心式”主题下的班主任成长特色体系

三、从“美美与共”至“各美其美”

在实践中，工作室的着力点从统一自培模式培育名优班主任发展到各成员的优势挖掘与提炼，并形成了特色体系的品牌。

（一）“匠心型”班主任成长共同体的培育

结合区域特点，工作室提出培育“匠心型”班主任专业共同体，我们通过对促进班主任专业化发展价值体现的研究，进一步提出符合本区域小学班主任专业发展的若干内容，并研究出培育策略与有效途径，形成长效发展机制：

（1）以“匠心型”班主任培育为目标，引领发展方向。

（2）以自主研修为基础，增强发展内驱力，如通过成长规划、主题阅读、专业写作促进自主成长。

（3）以活动实践为载体，促进专业发展，如通过专题培训、专题研讨、现场互动、网络研修促进专业发展。

（4）以课题研究为抓手，提炼自身特色。

（5）以区域联动为平台，扩大辐射引领范围。

（6）以切实推进为追求，立足本校，带动各成员校班主任队伍发展。

（7）以持续发展为目标，建立长效机制，如进行量化评比促进反思，以成长档案记录历程，持续跟进发展。

培育策略的提出，极大地推动了班主任专业化发展的进程。目前，培育策略已在省内外多种培训会中进行推广，同时也在潮州市几个市级工作室、县区四个区级工作室中推广运行。

（二）“匠心型”班级管理实践

“匠心型”班级管理注重“四化”：

（1）科学化——做规划，重引领，目标具体。

（2）精致化——定机制，重规范，规则变自觉。

（3）人文化——抓关键，重细节，平凡出精彩。

（4）特色化——创特色，重激励，创意促发展。

基于“四化”标准，工作室形成了《匠心班级管理实践》《“和”文化引领下的班级管理》《小学自主班级养成记》《和悦教育下特色班级文化建设的实践研究》等多个内容，在省内外进行了分享。

（三）“匠心式”主题班会的设计与实施研究

在“匠心型”班级管理实践中，怎样去构建班级的精神文化？我们把着力点放在了主题班会的设计与实施上。

1. 探索出匠心主题班会的设计策略

在主题的确立方面，要体现时代性与教育性；在目标的定位方面，要体现适切性与规律性；在内容的选择方面，要体现针对性和鲜活性。

2. 主题班会按年段特点提炼序列化的内容

不同年段要侧重不同教育主题，同一主题要进行细化研究，如针对“友善”这个主题进行细化，低年段主要加强谦让和宽容教育，中年段加强助人自助教育，高年段则加强尊重与合作教育。因此，我们确立了“好孩子会谦让”“为你我点赞”“众人拾柴火焰高”这几个主题，目的是加强社会主义核心价值观教育。目前在序列化内容上，有社会主义核心价值观课例 30 个、学生自主发展系列 8 个、学生情绪心理调适 15 个。

3. 精致化微型主题班会的创新尝试

近年来，在传统类型主题班会的基础上，我们也进行了小学精致化微型主题班会的创新尝试。微型主题班会用时少、针对性强（多为解决班级突发事件或者突出问题）、内容新、设计巧、案例精。主要探索出 5 种类型：活动体验式——“小活动”引领学生价值取向、故事点拨式——“小故事”适时点拨学生行为、观看激情式——“小视频”引发学生情感反应、借题发挥式——“小问题”大探讨引导明事理、辨析导行式——“小情景”辨析，进行价值澄清。

除了根据学生的不同年段确立不同的教育主题，我们还尝试针对某个相同主题结合学生的不同年龄特点、心理特点，进行主题的细化。

（四）同趣班级生活

同趣，即同一旨意，同一志趣，同趣班级生活的构建，我们主要有两个着力点：

一是同趣家校协同育人，其中包括课程的构建与活动实践的开展。我们通过学校家长委员会、班级家长委员会的建立，先后和家长们一起打造了家长志愿者服务队，开创了家长义工、家长课堂、主题家长会、家长讲座、维安护学队等别具特色的家校合作项目，真正发挥了家校合作育人的教育功效。同时，我们尝试构建家长学校课程，针对学生的习惯培养与家校沟通开设专题培训与案例式探究活动，不断提升家长素质。目前形成分享讲座与课例 5 个，影响到的家长近万人。

二是融合特色文化，培育同趣班级生活。刘洁老师结合潮州地域文化（方言、潮绣等）打造班级特色；林健彬老师打造了一个充满“诗意”的班级；吴建贵副主任结合潮州文化，构建班级主题系列化活动；黄树辉主任带领学生开展志愿服务活动，利用公益育人，活动开展近 6 年。

（五）走心式心育个案研究

该板块主要侧重于学生常见问题的诊断与辅导策略的研究，例如针对情绪问题调适、学生学业障碍、学生人际交往不良、亲子沟通、沉迷网络、攻击倾向等方面的案例式研究。通过开展个人辅导与团队辅导，目前，形成的针对学生情绪心理辅导专题案例共 23 个，并有学生常见问题的诊断与辅导案例十几篇发表于省、市级刊物，如表 6.3 所示。

表 6.3　学生常见问题的诊断与辅导案例

序号	名称	针对问题
1	猜猜我有多爱你	亲子关系、感恩意识淡薄
2	抓住那一线希望的契机	人际交往不良
3	嘴之“罚”	行为偏差
4	我班有男初长成	青春期心理健康教育
5	运用“WDEP”模式法，尝试改变攻击型学生	攻击倾向
6	玩，我们是认真的	行为问题
7	网络成瘾学生问题诊断与辅导策略	网络成瘾
8	“59”的契机	学业障碍
9	你也是我的宝贝	缺乏关注
10	爱上“中等生”，从了解开始	中等生
11	班长吸烟了	优等生的行为偏差
12	小学生情绪心理问题的调查与调适的实践研究	情绪心理

续表

序号	名称	针对问题
13	攻击型人格障碍学生情绪调适能力培养初探	攻击型人格障碍
14	小学生学业消极情绪调节有效措施初探	学业消极情绪
15	小学低年级学生厌学情绪的分析及解决对策探究	厌学情绪

（六）“匠心型”工作室发展模式

围绕工作室的培育目标，我们不断形成工作室的运作模式，我们以“专业成长共同体培育”为目标，形成工作室发展模式，主要有以下几个方面：

（1）基于顶层设计的培育班主任成长共同体的特色定位。

（2）基于辐射各区的培育班主任成长共同体的团队组建。

（3）基于推动发展的培育班主任成长共同体运行机制。

（4）基于价值追求的培育班主任成长共同体的文化元素。

（5）基于整合资源工作室培育愿景规划。

（6）基于“三同”宗旨的培育班主任成长共同体的自培阶梯模式。

（7）基于“青蓝相接”的培育班主任成长共同体的梯队构建（形成“2+N”梯队培养模式，建立“师带徒—导师”制）系统。

匠心的发展模式，为班主任共同体的培育提供了有力的保障，也为其他工作室的建立提供了借鉴与参考的模式。

（本文 2019 年发表于国家级刊物《中小学班主任》）

第四节　工作室·工作坊特色成果
——林健彬工作坊特色成果

为了进一步加强我校班主任队伍的建设，提高班主任的专业水平，2020 年 8 月，东三小学成立了校级班主任工作坊——林健彬工作坊。本工作坊隶属于广东省中小学名班主任谢壁妆工作室。工作坊的成立，可以更好地立足我们学校的实际，以“提高班主任专业化水平、促进班主任队伍专业化发展”为目标，致力于将班级管理模式总结提炼成班主任工作理念，通过论文、课题研究和系列讲座的形式，辐射传播。目前，已形成以劳动教育为核心，名班主任工作坊为阵地，系列讲座、课题科研为抓手的班主任指导培养工作模式，更好地造福我们的学生，从而达到在区域内的引领、示范作用。

一、理念导行，区域联动组成工作坊成员团队

工作坊是一批志同道合、有共同理念的人走在一起，一起努力，共同成长的一个团队。我们行走在研究的路途中，很幸福。林健彬工作坊全体成员将秉着“五育并举、以美育人、以劳育人”的理念，带领全校及兄弟学校的班主任，在教育的道路上不断向前，不忘初心，砥砺前行！

二、学思研行，探索立体化工作坊培养模式

先进的理论是班主任工作和德育科研的先导，没有先进的理论指导，一切都将是纸上谈兵。因此，加强学习，不断提高理论修养，始终占领工作坊工作的制高点。

1. 推荐阅读，在“读”中感悟

工作坊开展读书沙龙活动，推荐读书目录，分享读书心得，并应用于实践中，使理论与实践紧密结合。

2. 培训学习，在“训”中收获

两年来，工作坊参加了多场活动，多次聆听专家学者的授课和讲座，为工作坊成员的成长打下坚实的理论基础，在学习中总结、反思，受益匪浅。

3. 线上研修，补齐短板促进步

线上线下相结合，依托潮州市名班主任工作室、工作坊联盟共同体和各种教育网站进行学习，互为补充、延伸、拓展，在经验接受中促成长。

4. 课题科研，在“研”中成长

作为名班主任工作坊成员，大家肩上都有沉甸甸的责任，要想做好引

领、辐射的示范作用，自身就要在班主任工作和德育工作上有科学的顶层设计。要开展有效的德育研究，就必须以课题为引领，促进成员自主发展。基于此，我们确立了“基于‘五育并举’理念下农村小学劳动教育的行动研究”的研究课题。该课题于 2020 年 9 月，经潮州市教育科研领导小组评审批准为 2020 年度潮州市德育科研立项课题，并于 2020 年 10 月 14 日举行开题会。我们依托立项课题重点，通过调查、访问、班队活动的实效开展进行针对性研究，用课题研究来提升学生的核心素养，有效引领学生全面发展。

5. 以赛代培，在“练”中强化

利用好上级各部门为我们搭建的学术平台，一如既往地倡导“做真研究，写真论文”，发动成员老师将实践经验上升为理性认识，参加各级各类论文、案例、成果评选活动。

6. 专业写作，内化提升

专业写作包括心得体会、论文、成长故事、学生教育案例、设计班队课活动方案等。在专业写作中，我们不断更新教育理念，不断反思自身教育教学行为，思维的火花不断碰撞，不断内化提升，从而产生教育智慧。

三、提炼特色，从带班模式至班本课程建设

（一）潜心教学，提炼带班模式

在教育教学工作中，我们将理论知识运用于教育教学实践中，努力探索、大胆实践，用新的教学艺术充实班级管理及课堂教学，探讨班级管理及课堂教学策略。在实践工作中，我们将教师自我管理及严抓学生管理两方面相结合。《中国农村教育发展报告 2019》显示，2017 年义务教育学校数为 321901 所，其中 201633 所在乡村，占 62.64%。农村教育资源的缺乏和学生对外界的渴望引起我们的思考，我们决定扎根农村，致力于为农村孩子展示一片诗意天空，在日常将“美育”理念融入班级管理之中，为他们的人生发展增添更多的选择，竭尽所能为他们争取更多的展示和与外界接触的机会。在国家劳动教育和相关文件出台之前，我们已开始探寻农村劳动教育的实施途径，结合学生的发展规律和学校实际，教育引导学生崇尚劳动、尊重劳

动，懂得劳动最光荣、劳动最崇高、劳动最伟大、劳动最美丽的道理，长大后能够辛勤劳动、诚实劳动、创造性劳动。

（二）扎实开展，建设班本课程

习近平总书记强调，“要在学生中弘扬劳动精神。”根据2020年印发的《大中小学劳动教育指导纲要（试行）》，我们以广东省中小学名班主任谢壁妆工作室——林健彬工作坊为阵地，在工作室主持人谢壁妆、工作室导师邱泽瀚、工作坊导师杨晓青的帮助下，基于农村小学的特点，提出了通过多渠道拓宽劳动途径，培养学生良好的劳动习惯的思考。我们准确定位农村小学劳动教育的功能，借助家庭、学校、社会“三维联动”平台，整合多方面资源，丰盈劳动教育内涵，完善劳动教育框架，形成了系列化班本课程。

1. 打造人人到岗的班级“耕作室”

借助学生所在的班级，让教室变成“耕作室”，让学生成为“耕作者”。在进行制度化管理时，我们让每位学生明确自己在劳动中的位置与责任，使学生体会到自身的价值与尊严，调动每一个学生的积极性。在管理中，我们通过摸索，建立了“团队式”劳动值日机制，还有一套“事事有人干，人人有事干”的制度。在这种广泛的参与过程中，使学生在集体中找到自己的位置，知道自己的责任，从而培养责任意识。

2. 打造会讲故事的实践基地

农村小学空地资源丰富，这些空地多以未经开发的土壤为主，长期荒废，杂草丛生，却适合种植。因此，我们因地制宜，合理地利用资源，开拓劳动实践基地，形成以实践体验为特色的劳动教育新格局，拓展了学生学习的外延，满足了学生个性发展的需求，培养了学生的多种技能及创新能力，拓宽和创新了劳动教育。农村小学的家长和退休的老教师都是农民出身，本身具有丰富扎实的劳动知识与劳动技能，我们通过多方面协商，聘请一部分人成为学校劳动基地校外辅导员，定期教给学生一些劳动知识和技能。花果蔬菜生长需要什么样的土壤环境、怎样播种、水肥有什么要求等知识的传授，丰富了学校的劳动教育知识，填补了学校劳动教育的缺失。锄地、播种、填土、浇水等这一系列在田间见到的耕作情景在校园里呈现，而种地的

“主角”由面朝黄土背朝天的庄稼汉变成了满脸稚气的小学生。孩子们在实践基地认识花果蔬菜，接触原生态生活，在劳作体验中开拓视野、陶冶情操、形成技能、发展个性，种自己的菜，收获自己种的菜，吃自己收获的菜，自食其力，别有一番意义。每一次的劳动锻炼，对学生而言，都是一次成长的体验，学生在体验中感悟，在感悟中学会做人的道理。

3. 节日文化劳动“传统学”

中国传统文化博大精深，在日常的活动中渗透传统节日文化教育，可以熏陶学生，使其充分感受中华民族传统文化的魅力，从而促进学生思维的正向发展，为学生形成优良的道德品质奠定良好的基础。此外，通过对传统节日文化教育的渗透，可以使学生更好地了解我国每个节日所蕴含的意义和内涵，正确认识和理解中华优秀传统文化，提升小学生的素养。如九月初九是我国的重阳节，尊老、敬老是我国的传统美德，我们联合社工站开展了“九九重阳节，浓浓敬老情”活动，在弘扬中华民族传统美德的同时，也让学生学会去关心老人。

通过本次活动，孩子们对重阳节这一传统节日有了更深的了解，在学会感恩的同时，增强了孩子们的社会责任感，也进一步拉近了孩子们与长辈的距离，让爱延伸、传递。活动加深了学生对我国文化的热爱，更好地对传统节日进行了弘扬和继承。

4. 名家进校“手艺传”

充分结合当地劳模劳动技能特色，把有拿手劳动绝活的劳模请进校园，走入课堂，和学生们进行面对面交流，手把手传授劳动手艺。

5. 五彩义工“志愿行”

打造“学校—社区—家庭”一体化服务模式，由学校、社区、家庭共同组织学生参与社会公益性服务活动或公益劳动，在活动中让学生参与实践、服务他人、奉献社会。此活动旨在培养学生劳动责任意识和服务他人意识，锻炼劳动能力，尽自己所能提供个性化、人性化服务。

6. 小鬼当家“快乐做”

在家校助力下，学校开展“小鬼当家”活动，提供自选式家政挑战任务，让学生参与适量的家务劳动，提高生活自理能力，在实践锻炼中“出出力、流流汗”，增强家庭责任意识，获得劳动幸福感，体会父母的艰辛与不易，懂得感恩。

7. 传承和弘扬中华农耕文化

中华农耕文化源远流长、灿烂辉煌，承载着中国人民自强不息的精神追求，滋养着中华民族的精神家园，是保障少年儿童全面健康发展的有力举措。

粮食与我们的关系是密不可分的，我们天天与粮食打交道，但却忽视了对它的节约，学生浪费粮食的现象比较普遍。随着农业机械化的普及，手工割稻、风车扬谷等传统农业方式渐渐退出了历史舞台，能够让孩子亲身体验农耕劳动的机会也越来越少。对于这样的情况，我们开展了针对性的活动。我们组织学生深入农户，开展水稻收割体验活动，旨在让家长、老师、学生亲近自然，体验农耕劳动及丰收的喜悦，健康成长。

学生在活动过程中，了解了播种、育苗、插秧、施肥、成长、孕穗开花、稻田管理、收割水稻、颗粒归仓等种植水稻的过程，并亲身体验收割水稻、稻谷脱粒活动。同时，在父母的陪伴下，亲子关系更加和睦。学生们也通过照相、画画、手工作品、作文等形式，把这一活动记录下来。我们有理由相信，学生在活动中受益匪浅，并且会影响他们一生。“纸上得来终觉浅，绝知此事要躬行。”实践是最好的教育，只有亲历才会懂得，只有懂得才会珍惜，体验收割水稻活动让孩子们更加深刻地理解了“一粥一饭，当思来之不易”的道理。

一系列的活动既有专业知识引领，又有实际操作体验，学生们乐在其中，逐渐体验到劳动的幸福感。

四、辐射示范，专题分享助力区域班主任专业成长

“一花独放不是春，百花齐放春满园”。名班主任工作坊的成立不只是为了工作坊成员自身的发展，更是想以工作坊为引领，带动区域班主任德育工作共同发展。工作坊多次受邀参加市、区、兄弟学校举办的各类班主任队伍培养培训活动，在活动上承担讲座和沙龙分享工作。如 2020 年 12 月，在

“潮州市中小学名班主任工作室携手共建交流活动——走进饶平师范学校附属小学市级杨志炫工作室”和潮州市教育局开展的“携手共创美好未来——走进潮安区”助学支教活动中，林健彬老师做了“‘劳动教育’理念下小学班级系列活动的开展与研究”专题分享。2021 年 12 月 16 日，到湘桥区官塘镇石湖小学开展送课活动，林健彬老师执教的是六年级主题班会“劳动创造美”。

五、厚积薄发，团队成员携手并进共同成长

回首过去，感觉到的是充实与快乐。工作坊这个团队呈现着极强的凝聚力和生命力。青年教师在学习时学到了经验，得到了提高；名师在传授时发现了不足，补充了自己。工作坊内形成了一股互帮互学、积极创新、共同前进的新潮流，所以我们也取得了可喜的成绩。

在写作方面，我们撰写的论文、叙事、案例目前发表的共有 7 篇，发表于省级刊物、市级刊物和区级刊物。此外，林健彬老师、谢晓玲老师参加潮州市中小学劳动教育优秀案例评选，分别荣获小学组一、二等奖。

学生的成长是我们最引以为豪的成绩，在这两年中，孩子们在各位老师的带领下，在各项比赛中崭露头角。如林健彬老师指导的学生在“新时代好少年”主题教育读书活动“美好生活　劳动创造”全国征文交流展示中，荣获小学组三等奖；在“爱国情　强国志　报国行”有奖征文比赛中荣获小学组优秀奖；在广东省教育厅开展的“从小学党史 永远跟党走”中小学主题教育活动中的“我劳动，我快乐”劳模风采展示作品比赛中荣获小学组三等奖；在广东省教育厅开展的“从小学党史 永远跟党走”中小学主题教育活动中的“扣好人生第一粒扣子”中小学征文展示活动中荣获小学高年级组一等奖。林健彬老师也被评为优秀指导老师。林伟梅老师指导的学生在“电力杯”市中小学生普法征文比赛中荣获小学组一等奖。陈小珊老师指导的学生参加“美丽潮州　你我同行——潮州市首届少儿绘画创意大赛”，分别荣获银奖、优秀奖（少年组）。此外，林健彬老师所带的少先队潮州市潮安区东凤镇东三小学大队 401 中队荣获 2020—2021 年度“潮州市少先队红旗中队”称号。林健彬、

林伟梅指导的多篇学生作文发表在《潮州日报》《小学生周刊》上。

六、问题思考，明确前进方向，共生共长

“路漫漫其修远兮”，这两年，我们在活动开展、工作特色、成员成长等方面取得了一定的成绩，但我们的工作尚有进一步完善之处。工作坊个人的理论水平和实践能力很低，对于教育的总结与反思也十分欠缺，特别是科研能力非常薄弱，对科研课题不知所措，这是平时不能静下心来做科研的缘故。因此，今后我们将力争挤时间出来多读书，多读些教育案例、教育理论和教育论文，同时把平时发生在自己身边的人和事记录下来，整理成案例，勤于实践，勇于探索，争取取得更大的成绩。

“梅花香自苦寒来”，工作坊里有很多有思想、有能力的青年教师，我们一定会进一步开拓创新，取得更大的成效。希望在林健彬工作坊的带领下，东三小学的班主任们都能得到历练和成长。让我们一起期待林健彬工作坊入地生根，携手共进，迎接每一位东三学子的美好未来！

第五节　工作室·工作坊特色成果
——李春莲工作坊特色成果

山边小学“李春莲工作坊”是根据上级部门的指示和要求、在广东省名班主任谢壁妆工作室的带领下成立的，成立之初，我们就制定了工作坊的发展规划。

一、工作坊的发展规划

1. 指导思想

进一步发挥优秀班主任指导、示范、引领和辐射作用，学习新理念，点燃新创意，进行新尝试，探索新途径，为骨干班主任和年轻班主任的持续发

展创造相互交流的条件，搭建共同成长的平台。

2. 工作宗旨：研讨、交流、共享、共长。

3. 工作目标：在科研引领的理念下，打造区域性班主任专业成长共同体，使工作坊成为研究的平台、成长的阶梯、辐射的中心、师生的益友。

4. 培养模式

（1）根据成员个人特点制定成长发展规划。

（2）带领成员进行专题学习、专题培训，撰写学习心得。

（3）利用课题研究，提升成员理念和实践的水平。

（4）阅读专题书籍，撰写学习心得。

（5）采取自主研修和专家引领相结合的形式，通过“线上＋线下”方式进行学习。

（6）利用“联盟共同体”网络平台，带领成员进行专题研讨。

一年多来，在省工作室的带动下，工作坊本着“研讨、交流、共享、共长”的宗旨，以科研引领理念下区域性班主任专业成长共同体的打造为目标，在专家的引领、领导的关心、学校的支持、成员的努力下，携手共进，同心同行，不断成长！

二、我们的团队——朝气蓬勃

2020 年 8 月 21 日，在省名班工作室的带领和指导下，我们组建了一支有朝气、有实力的研究队伍，成立了工作坊。我们聘请了潮安区凤塘镇中心学校郑锐龙校长和山边小学黄贵荣校长任工作坊顾问，我们的成员既有来自本校的骨干班主任，也有来自周边的云步小学、全福小学的骨干班主任，更有来自潮安区凤塘镇的东龙、盛户、新和、邱厝小学的骨干班主任，他们工作经验丰富，工作能力强。

三、我们的行动——扎实有效

（一）根据特点，制定规划

我们工作坊的每个成员根据自身的特点制定成长规划，包括：个人情况分析、个人发展目标、成长途径等，可以选择自己工作中遇到的难点或痛点，或是自己比较感兴趣的某一方向作为自己的研究方向，这是我们专业成长的关键一步，可以帮助我们明确方向，提高效率。

（二）加强学习，提升素养

先进的理论是班主任工作和德育科研的先导。因此，工作坊组织成员采取自主研修和专家引领相结合的形式，提升自身的专业素养。工作坊开展系列培训研讨活动，多次组织成员进行线上和线下的学习。比如，我们走进各县区、各学校聆听专家学者的专题讲座，包括写作指导讲座、班级管理讲座、家校沟通讲座、课题研究讲座、劳动教育讲座、文化育人讲座等。我们还观摩了优秀课例，有关于主题班会的，有关于思政课程的，有关于心理的。

我们还利用网络进行线上学习分享，聆听专题讲座，录制微视频并在谢壁妆工作室公众号上推出，供老师和家长学习；组织成员在“潮州名班工作室工作坊联盟共同体”上进行网络专题研讨，每次活动后成员们撰写学习心得。我们还向成员推荐专题书籍，组织成员进行阅读并撰写读书心得。

工作坊成员通过这样不断地学习、借鉴、反思、总结，提升自身的理论水平和专业素养。

（三）课题驱动，明确方向

在工作坊成立之初，我们已经开展了“基于学生自主发展小学主题班会设计系列化研究”的课题研究，以小学主题班会活动课设计系列化和活动实践为切入口，探索、优化、总结小学主题班会课的组织途径和方法。我们构建了“横向延展、纵向递进”的系列化活动体系，课题组成员设计了对学生的主题班会系列化目标，横向将“学会学习、健康生活”两大主线，六大主题贯穿于小学各年段。从纵向看，开展小学高、中、低年段的主题班会活动，由浅入深、逐层递进，形成系列化。我们针对不同年龄段学生的心理特点和每个年级的德育目标，将教育目的与学生实际发展水平结合起来，形成系列，交叉进行，并有所侧重。

在主题班会的开展中，我们充分发挥学生的主体性，从主题的确定，方案的设计、实施到活动的总结评价，都从学生中来，到学生中去，让学生在活动中发挥自主性，以实现学生的自主发展。同时，我们在活动中培养学生自主发展的能力，通过活动解决学生存在的问题。我们的班会，没有“高大上”的主题，也没有花哨的形式，而是针对当下较为突出的话题或学生存在的问题确定主题，精心选择素材开展活动，“以学生为中心，以情境为中心，以活动为中心”，让学生通过体验产生情感共鸣，从而激发道德动机，实现德育目标。该课题已于 2020 年 7 月结题并审核优秀。

在此研究的基础上，我们又申报了“地域性小学家校协同育人有效途径探索的实践研究”，积极探索家校共育的途径和方法，拓宽德育渠道，充分挖掘和利用家校资源，实现家校合作教育的最大效益。各课题组成员根据各班特点，选择不同的模式进行实践，纵向布局，横向细化，探索家校协同育人的有效途径。我们根据不同年段学生的特点细化育人目标，有梯次、分类有序地开展活动。

我们开展家长课程，构建了“以学校班级为单位，以班主任为主讲老师，以学生家长为主体，以《父母课堂》为指导教材，采用集中授课，个别辅导和多向互动相结合”的教学模式。充分挖掘家庭教育资源，形成教育合力，共同解决教育孩子时遇到的困惑、难题，共同关心、帮助学生的健康成长。

我们通过专题讲座提高家长家庭教育的水平，促进学生健康成长和全面发展。

我们开展“隔代互学”活动，建立起“孙辈教，祖辈学”和“祖辈教，孙辈学”两条互学线，开展了操作性强的隔代互学活动。爷爷奶奶的菜园子、锅灶头，孩子们的普通话、英语课、手机的操作都可以成为学习的资源。通过一系列活动的开展和引导，祖孙在一起已不是单纯的陪伴，而是在玩中一起学，在“隔代小学堂”中实现不同程度的成长。

开展角色体验活动意在培养学生的主人翁意识，让学生知道自己作为家庭中的一员，参加家务劳动自己也有份，如在家长的指导下理财、买菜、做简单的饭菜、刷碗、扫地、收拾屋子等。孩子在参与中提高了劳动能力，养成了劳动的习惯，更重要的是体会到家长当家的不易，从而更加理解、体谅家长。

亲子共读，充分发挥家长的作用，帮助学生养成爱读书、多读书、读好书，养成终身乐读的习惯。而亲子研学活动，增进了亲子关系，提升了各方面的素养。

（四）联合送教，辐射引领

工作坊成立以来，在市、区教育局的组织下，多次联合省、市名班主任工作室和其他工作坊开展送教活动。如2020年10月21日，“凝聚智慧，携手共进”系列送教活动；2020年12月23日，“携手共创美好未来——走进潮安区”助学支教活动；2021年12月2日，枫溪区“强立德树人能力，创示范家长家校”系列活动。专题讲座、课例展示，让我们与一线老师面对面，互动交流教育理念与经验。

（五）锤炼专业，提升技能

工作坊的老师们不仅注重理论知识的积累、教育工作的实践，还积极参加各类比赛活动，不断锤炼专业，提升技能。如黄锐英老师在“枫溪区中小学班主任专业能力活动大赛”中获得一等奖；李春莲老师和林丽贤老师在枫溪区“2021—2022家长学校录像课程”比赛中获特等奖。

四、我们的荣誉——收获满满

一年多以来，我们充实又快乐。大家互帮互学、积极创新，取得了一些可喜的成绩。

五、我们的反思——勇于突破

虽然我们取得了一定的成绩，但我们的工作尚有进一步完善之处，接下来我们计划在以下方面做出更大的努力：

（1）加强与省、市名班主任工作室的交流，进一步增强活动的实效。

（2）加大课题研究力度，争取科研能力有实质性的提升。

（3）进一步研读专著，结合自身的教育实践撰写反思、案例和论文。

今后，我们将在耕耘与探索中反思总结、继续前行。

第六节 “悦”文化理念下班主任共同体的建设——吴桂丽工作坊特色成果

一、根植“悦”文化，同心同学同行

枫溪小学吴桂丽工作坊成立至今已经有两年的时间，在这两年的时间里，我们工作坊在枫溪小学悦文化的影响下，在广东省名班主任谢壁妆工作室的带领下开展各项工作，以悦耕悦长，同心、同学、同行的理念带领工作坊的老师为落实立德树人这一根本任务开展多层次、多形式、有质量的班主任学习、研修、实践培训活动，坚持理论和实践相结合，以示范引领为特征，在交流与碰撞中求进步，并在两年的时间里对枫溪小学的班主任工作有辐射作用。

二、聚集同行者，团队抱团成长

工作坊由六名成员组成，这些成员都是我们枫溪小学的佼佼者，其中陈妙伶老师常年担任六年级教学和班主任工作，工作出色，多次获得各类奖项；吴怀扬老师是潮州市第七届中小学班主任专业能力大赛小学组一等奖的获得者；谢锐君老师是潮州市第八届中小学班主任专业能力大赛小学组特等奖的获得者。工作坊的老师们在各个领域都取得过优秀的成果，郑淡芬老师是学校英语教研组的成员，孙映芬老师多次获得书法比赛的奖项。这样一个强有力的团队，为我们开展工作提供了便利。

三、聚焦大思政，践行协同育人

工作坊积极研究思政课程，探究思政课在班主任工作中的重要作用。众所周知，大部分的班主任在小学期间除了担任语数英的教学，还会兼任思政的教学。在大思政的理念下，作为班主任如何很好地利用思政来引导学生树立正确的世界观、人生观和价值观，这是我们工作坊这两年来的研究。吴怀扬老师在2021年就对五年级的《真诚坦率很重要》教学进行研究，让高年级的学生懂得了做人真诚、坦率是一个人的立足之本，这节课在青年教师教学能力大赛中获得了二等奖，同时参加了展示交流活动，获得了广东省三等奖。吴怀扬老师对二年级的《我是一张纸》教学进行了研究，对学生从小树立节约观念、尊重劳动人民的劳动成果起到了作用。笔者在2022年也对一年级的《让我自己来整理》一课进行研究，旨在培养学生们从小学会整理的好习惯，与新课程标准中对小学低年级的劳动要求相吻合。对这些教学的研究不仅达到了对学生的知识教育要求，也落实了思政的教学任务，可谓是一举两得。

在这两年里，我们工作坊在学校的悦文化理念的引领下，以学校的家校共育课题为途径开展工作，并结合思政课程提升教育水平。

在家校协同育人方面我们主要从组建家长委员会，指导家长委员会配合老师开展工作，开展多种渠道的家访模式。

在选择家长委员会成员的时候，我们既要选在班级中威望比较高的家长，又要选肯干会干的家长，只有这样，我们的家长委员会才能真正发挥作用。家长委员会组建好后，在每个重要的节日中都能将家长们的心声及时地传递到老师这里，有了家长们的配合，我们枫溪小学的孩子们在各种节日都过得有滋有味，孩子们对学习的热情也越来越高涨。体现得最明显的是我们的护学队，每天的护学工作都在家长们的配合下有条不紊地开展，也正是有了这些家长的护送，我们的孩子都能高高兴兴上学来，平平安安回家去。一个人的力量毕竟有限，有了家长们的支持，有了家校的配合，学校的工作就能更好地开展。

四、积极投身科研，夯实理论根基

1. 专题培训，促进专业成长

理论是行动的先导，先进的理论更是班主任工作和德育科研的先导，没有先进的理论指导，一切都将是纸上谈兵。所以，工作坊的老师们利用平时的业余时间加强学习，不断提高理论修养。我们采用集中学习和分散自学相结合、自主研修和专家引领相结合的形式，以理论熏陶的方式提升工作坊成员的专业素养。工作坊在这一年来参加了多场活动，在活动中聆听了多位专家的授课和讲座，从中获益不浅。

在工作坊成立不久，由学校组织的一场班主任会议中，我们就聆听了谢壁妆副主任针对如何为家长上好一节课的讲座，从中了解了原来为家长上育儿课程是这样的。随后，工作坊的陈妙伶老师也为我们分享了她的一节家长课。2020 年 10 月，工作坊还参加了由吴桂丽工作坊和李春莲工作坊联合开展的为枫溪区路西片送课活动。会上大家又听了心理学专家邱泽瀚的"基于家长心理的家校沟通策略"讲座，从心理学层次更深入地了解家长对于教育孩子的心理以及面对突发事件如何应对的策略。2020 年 12 月，学校又请了庄楚金老师做培训，题为"让科研之光照亮求真之路"的培训为我们阐述了如何做课题研究，使班主任老师与课题研究不再遥远。2021 年 4 月，借着蔡钗工作坊举办活动的契机，工作坊的成员到韩山附属学校参观学习，活动中广东省名校长蔡灏淳给我们带来"班主任如何快速建立威信"的讲座，我们从中受益匪浅。活动过后，工作坊的成员还写了研修日志，将自己的心得体会记录下来。我们还聆听了高家方教授、郑学明教授、李季教授和庄楚金老师的多场讲座，成员们都从不同的讲座中获益良多，从而将各种教育理念运用到日常的教学中。

2. 积极科研，提高自身品位

工作坊的成员积极参加课题研究，吴桂丽和陈妙伶参加了吴素贞副校长主持的课题"新时代背景下家校共育模式的构建"，谢锐君、陈妙伶和吴桂丽参加了由谢壁妆副主任主持的课题"家校合育背景下小学'主题式'家长学校课程建设的实践研究"。吴怀扬老师参加了潮州市中小学德育科研课题"通过教育叙事促进班主任专业成长的实践研究"和广东省教育协会"十三五"教育科研规划小课题"小学低年级语文教学中有效渗透读写结合的研究"，均顺利结题。

3. 参与活动，向优者学习

学习是提高自身能力的重要方式，工作坊在这一年的时间里参加了多个市名班主任工作室的活动。如由潮州市教育局举办的"携手共创美好未来支教助学"活动，潮州市名班主任刘洁工作室携手共建交流活动，潮州市名班主任杨晓青工作室"培育自信，扬帆前行"携手共建交流活动，潮州市名班主任邱少莹工作室"走进体验式主题班会课"携手共建交流活动和广东省名班主任谢壁妆工作室蔡钗工作坊携手共建交流活动。通过参加这些活动使成员们得到了充分的学习机会，既能走出去学习其他学校的教学方式，又能反思自身的教育存在的短板，从而鞭策自己不断学习。

4. 专题阅读，提高写作水平

工作坊对成员们的理论提升也非常重视，会不定期不定时提供一些书籍让大家阅读，并在此基础上写心得体会，使成员们在一定程度上提高了写作水平。

5. 双线互动，拓宽专业视野

我们不仅利用线下开展教育活动，还经常采用线上的模式给家长分享育儿知识，使家长随时都可以查找所需的知识。我们还充分利用网络微课堂为家长和老师送课。例如郑淡芬老师在暑假期间给大家送去的一节网络课程"预防溺水，悦享盛夏"，吴怀扬老师在植树节期间给学生们送去的"清明追思，传承英志"课程，陈妙伶老师在寒假期间给家长送去的一节"寒假孩子沉迷电子产品，怎么办？"笔者也在寒假期间录制了一节"向校园欺凌说不"，给学生讲述了如何不被欺凌，遇到欺凌要怎么办，同时还为家长送去了"助力家长做好孩子假期生活指导，提升家长家教能力"的课程，让家长能与孩子度过一个快乐温馨的假期。

这些线上课程的开发，使老师们多了一条与家长沟通的渠道，也给家长带去了更多的便利。线上线下共同发挥作用，拓宽了视野。

五、百花喜争春，辐射引领出成效

1. 承办的活动

在这两年里，工作坊不仅经常参加各类活动，还主动承担活动。在工作坊刚组建时，就承担了枫溪区教育局组织的省名班主任工作室及工作坊联合送教的活动，工作坊为山边小学和堤头小学各送去了一节课并获得了一致好评。今年 4 月份，工作坊还受邀到福庆小学为那里的孩子带去一节思政课。

2. 硕果累累

吴桂丽老师撰写的《你的信任能让我们的工作更得心应手——谈家长委员会的组建》参加广东省中小学德育研究会论文评比，获得三等奖；《浅谈疫情防控常态化背景下学生假期生活指导》参加潮州市教育局论文评比获得二等奖；《家长学校课程教学设计》参加枫溪区论文评比获得二等奖；2021 年被评为潮州市“尊师重教”优秀班主任。

陈妙伶老师 2021 年 8 月设计的团队与班级主题活动（班会）设计方案“大爱工夫茶”荣获 2021 年广东省中小学优秀德育科研成果三等奖。2021 年 9 月，她的教学设计“讲究家庭教育的语言艺术”获“全国规范化家长学校实践活动优秀教案征集展示活动”最佳教案。2021 年 12 月，她的教学设计“善用积极语言，使亲子关系更和谐”在枫溪区“2021—2022 家长学校课程教学设计”比赛中，荣获一等奖。同年，陈老师撰写的“齐力引你上学堂”荣获 2021 年广东省中小学优秀德育科研成果（教育案例）二等奖。

谢锐君老师参加枫溪区班主任能力大赛获得特等奖，并代表枫溪区参加市级比赛，以小学组第一名的成绩获得了特等奖。谢锐君老师还荣获潮州市 2020 年小学道德与法治学科部编教材优秀录像课例一等奖、第三届潮州市中小学青年教师教学能力大赛（小学教育组数学学科）二等奖。论文《点亮班级的“灰色地带”》获广东省中小学德育研究会一等奖。

2021 年 10 月，吴怀扬老师在第三届潮州市中小学青年教师教学能力大赛（小学教育组道德与法治学科）中荣获二等奖。2021 年 12 月，参加“2021 年全国中小学思政课教师教学基本功展示交流活动”，获得广东省三等奖。2021 年 8 月，班会设计“破译作业密码 助力孩子成长”获广东省中小学优秀德育科研成果（班会设计方案）二等奖。

3. 论文发表

吴桂丽老师撰写的《你的信任能让我们的工作更得心应手——谈家长委员会的组建》发表在《潮州教育》；教学论文《论小学语文教学中如何培养学

生的阅读能力》发表在国家级教育刊物《教育》上；论文《星星闪光时》发表在《广东中小学德育》。

陈妙伶老师2021年所撰写的《赏瓷都珍宝　做传承新人》发表于国家级刊物《中国儿童报》。2021年4月撰写的《"沉迷网络故事"引发偏差行为的学生个案分析与辅导》发表于省级刊物《广东中小学德育》。

谢锐君老师撰写的论文《爱护身体，珍惜生命》发表在省级刊物《广东中小学德育》。

4. 讲座、送课

理论是基础，实践是体现理论的重要行为。工作坊要求所有成员做到既有理论修养，又有丰富的实践积累。两年来，工作坊成员通过参加各工作室和工作坊的听课、上课、评课活动，提升自身的理论水平。通过成员开课、开设讲座等形式和活动，相互学习，提高自身实践水平。同时，工作坊成员在育人风格和特色上下功夫，让每位成员具有高品位的育人艺术，能够按照教育规律和学生的心理规律，智慧地、艺术地教育学生，灵活地、技巧地驾驭课堂，进而形成自己的育人风格和育人思想，并且将这些好的成果辐射到各县区。

2020年10月，吴桂丽老师和孙映芬老师为枫溪区山边小学带去了一节主题班会课和一节数学课。2020年12月，谢锐君老师为沙溪实验小学带去一节思政课。2021年4月，吴桂丽老师为庵埠小学带去一节主题班会课。同月，吴怀扬老师给韩山附属学校带去一节思政课。2021年12月，在潮州市枫溪区教育局主办的"'瓷都英才讲堂'第六期——强立德树人能力，创示范家长学校"活动中，陈妙伶老师为枫溪区各学校德育负责人和家长课程授课教师做题为"家长学校课程设计与录课指导"的专题培训，参训人数近100人。2022年，吴桂丽老师为潮安区福庆小学送去了一节道德与法治课，所送课程受到听课老师的一致好评。

六、总结问题，确定努力方向

尽管两年来，我们在活动开展、工作特色等方面取得了一定的成绩，但毕竟名班主任工作坊是一个新鲜事物，我们的工作尚有许多不足之处。主要表现为：工作坊活动时间相对紧张，有些具体计划不能按期进行；工作坊还未申请到课题进行研究；工作坊成员在学校的任务都比较重，工作坊活动时间经常与老师的时间有冲突；由于工作坊主持人自身水平、研究能力有限，无法对工作坊成员起到模范带头作用，对整体工作有所影响。

为了更好地开展工作坊以后的各项工作，我们今后努力的方向有以下几个：

（1）创新工作方式，进一步提升工作坊品位。

（2）加强与其他工作坊的交流，进一步增强活动的实效。

（3）加大课题研究力度，提高工作坊成员科研意识，促进科研能力的实质性提升。

（4）争取为工作坊的老师介绍一些有益于工作的书籍阅读，使之应用到实际工作中。

（5）工作坊成员撰写出更多的教育论文和案例。

低头俯瞰，抬头仰望，在学校领导和广东省名班主任谢璧妆老师的关心和帮助下，工作坊一路耕耘，一路探索，付出辛苦和汗水的同时，也收获了心灵的愉悦与感动。今后我们将勤于实践，勇于探索，争取更大的成绩。